AF145997

Benno Kindt

Die Katastrophe Ludovico Moros in Novara im April 1500

Eine quellenkritische Untersuchung

Benno Kindt

Die Katastrophe Ludovico Moros in Novara im April 1500
Eine quellenkritische Untersuchung

ISBN/EAN: 9783743410978

Hergestellt in Europa, USA, Kanada, Australien, Japan

Cover: Foto ©ninafisch / pixelio.de

Manufactured and distributed by brebook publishing software
(www.brebook.com)

Benno Kindt

Die Katastrophe Ludovico Moros in Novara im April 1500

Die Katastrophe Ludovico Moros in Novara
im April 1500.
Eine quellenkritische Untersuchung.

Inaugural-Dissertation,

der

hohen ph̶i̶l̶o̶s̶o̶phischen Fakultät de̶r̶ ̶Universität̶ ̶G̶r̶e̶i̶f̶s̶wald

zur

Erlangung der Doktorwürde

vorgelegt

und nebst d̶e̶n̶ beigefügten Thesen

Freitag, den 1 August 1890

Vormittags 11 Uhr

öffentlich verteidigt

von

B e n n o   K i n d t

aus Greifswald.

Opponenten:

Herr cand. phil. H. K l a j e.

Herr stud. phil. H. G i p p e.

Greifswald.

Druck von J u l i u s   A b e l.

1890.

Seinen Eltern

in Liebe und Dankbarkeit

gewidmet!

I. Der Tractat von Novara.

Im Herbst 1499 hatte Ludwig XII. von Frankreich seine Ansprüche auf das Herzogtum Mailand durch die Verbindung mit den Venetianern mit leichter Mühe durchgesetzt. Der Herzog Ludovico, „il Moro" zubenannt, war zu seinem Verwandten, dem Könige Maximilian, nach Deutschland geflohen; das Herzogtum fiel innerhalb kurzer Zeit den Franzosen zu.[1]) Generalstatthalter des Königs von Frankreich wurde der berühmte Condottiere Johann Jacob Trivulzio. Die Berufung dieses Mannes auf diesen Posten erwies sich bald als ein Missgriff des französischen Königs. Denn Trivulzio war Parteimann, das Haupt der guelfischen Partei im Herzogtum, und deswegen verabscheut von der starken ghibellinischen Partei in Mailand, verhasst auch bei dem wankelmütigen Pöbel wegen seines Hochmutes und seines Jähzornes. Diese letzteren Eigenschaften kamen während seiner Statthalterschaft in roher Weise zum Ausbruch: bei einem Aufruhr tötete der Marschall mit eigener Hand mehrere Fleischer, welche die auferlegten schweren Steuern nicht zahlen wollten.[2]) Diese Grausamkeit und der schwere Steuerdruck — angeblich hatte Trivulzio den Mailändern die Abschaffung sämmtlicher Lasten und Steuern versprochen — stimmte das leicht erregbare Volk um zu Gunsten des einst so

---

[1]) Vgl. Leo, Geschichte von Italien V p. 128 ff.; v. Ranke, Geschichten der germanischen und romanischen Völker.[3] p. 125 ff.

[2]) Vgl. die Berner Chronik des Valer. Anshelm, herausg. vom historischen Verein des Kantons Bern. II. p. 281. Guicciardini: La Historia d'Italia (ed. Venet. 1565) p. 120. J. Pitti (Archivio storico italiano I p. 67) etc.

gehassten Herzogs Ludovico, der jenseits der Alpen sehn-
süchtig auf die Gelegenheit, sein Herzogtum wieder zu
erlangen, harrte. Botschaften aus Mailand gingen nach
Deutschland zu Ludovico Moro,[1]) versicherten den Herzog
der allgemeinen Unzufriedenheit des Landes mit der
französischen Herrschaft und bewogen den nur allzu bereit-
willigen Mann, durch . seinen Vertrauten, Galeazzo Visconti, an verschiedenen Orten der Schweiz trotz der
strengen Verbote des Reislaufens seitens der Eidgenossenschaft schweizerische Söldner zu werben und dann trotz
der Warnungen des ihm verwandten Maximilians I. mit
deutschen, burgundischen und schweizerischen Söldnern,
auch mit in Deutschland gegossenem Geschütz versehen,
im Januar 1500 in Oberitalien einzubrechen, in der Er-
wartung thatkräftigster Hülfe von seiten seines Landes,
mehrerer deutscher Fürsten und besonders der schweizerischen Kantone.

Schon während des Januars 1500 herrschte allgemeine
Aufregung in Mailand.[2]) Der Parteihass und die Kunde
von den Rüstungen. Ludovicos in der Schweiz und dem
Heranrücken schweizerischer Söldner in seinen Diensten
riefen sie hervor. Schliesslich war eine Art Waffenstill-
stand zwischen den Parteien vereinbart worden, auf den
die ghibellinische Partei einging, da Trivulzio durch
energische militärische Massnahmen — er zog sofort vom
Markgrafen von Saluzzo Hülfstruppen heran — die Hoffnung auf ein Gelingen des Aufstandes zerstörte. Aber
die Ruhe war nicht von langer Dauer. Schon am 27.
Januar brach, wie Prato erzählt, von den Führern der
ghibellinischen Partei, den Crivelli, Landriani und anderen
angefeuert, der mailändische Pöbel gegen Trivulzio los.[3])

[1]) Vgl. Prato, Storia di Milano (Archivio storico italiano III p. 236).
J. d'Auton, Chroniques I p. 84.
[2]) Vgl. Rosmini: Dell' Istoria di Gian-Jacopo Trivulzio vol. II. p.
280 (Briefe des H. Morone). Chron. Venetum bei Muratori SS. XXIV. p.
136. M. Sanuto Diarii T. III. p. 93 ff.
[3]) Vgl. u. IIa die Kritik der Briefe des H. Morone.

Doch der Marschall behauptete sich. Am 1. Februar aber erhielt er die Nachricht, dass Como, wohin Ludwig Ligny, Graf von Luxemburg und der Graf von Misocco, ein Sohn Trivulzios, zur Verteidigung geschickt waren, in die Hände der Schweizer Moros gefallen sei; es verbreitete sich sogar das Gerücht, diese beiden hervorragenden Heerführer seien gefangen. Letzteres bestätigte sich indessen nicht: beide zogen sich unbehelligt in das von den Franzosen gehaltene Castell von Mailand zurück. Die Nachricht aber von dem Verluste Comos fachte in der Stadt Mailand das kaum erloschene Feuer der Empörung wieder zu hellen Flammen an. Trivulzio versammelte seine Truppen und Anhänger und verschanzte sich in der Stadt. Durch Bitten, Drohungen, Versprechungen, auf die der Pöbel mit wütenden Insulten antwortete, suchte der stolze Marschall die Bürger zu seinen Gunsten umzustimmen. Vergebens, mit Mühe und nur durch die Intervention des Bernardino Visconti, der ihn mit seinem Leibe deckte, entging Trivulzio der Gefangenschaft oder dem Tode. Der Aufruhr währte die ganze Nacht des 1. zum 2. Februar hindurch; das starke von den Franzosen besetzt gehaltene Castell hielt unterdessen die Stadt unter beständigem Feuer. Am 2. Februar wich Trivulzio mit seiner gesamten Streitmacht aus der Stadt, zog sich in den Schutz des Castells zurück und vereinigte sich mit den von Como kommenden Franzosen unter Ligny. Am folgenden Tage zogen dann die französischen Truppen unter Führung Trivulzios und Lignys über den Tessin, verstärkten die Besatzung in Novara und gingen weiter zurück nach Mortara und Vercelli, fortwährend beunruhigt von der Landbevölkerung, die sich ebenfalls zum Aufstande gegen sie erhoben hatte. Den Weg der Franzosen bezeichneten eingeäscherte Dörfer und Bauernleichen: so vergalten sie der Stadt Mailand, wo die Anhänger der Franzosen und ihr Besitz ein Opfer der siegreichen Gegenpartei wurden. Das Castell von Mailand wurde von den Bürgern eingeschlossen und die Zufuhr abgesperrt, doch war es stark genug und mit allem hinreichend versehen, um sich bis Ende des Krieges aller Angriffe zu erwehren. Allgemein war jetzt im Herzogtum Mailand der Ruf nach dem vertriebenen Herzoge. An demselben Tage, an welchem Trivulzio und Ligny Mailand verliessen, zog der Cardinal Ascanio, Moros Bruder, mit 4000 Schweizern in die Stadt ein. Am 5. Februar folgte ihm, von der in Mailand herrschenden Stimmung fortgerissen,[1]) Ludovico Moro selbst.

Die Stellung des Herzoges war zunächst sehr unsicher. Er und seine Anhänger schmeichelten sich mit der Hoffnung auf den Beistand der Venetianer und Schweizer. Allein die Zuversicht, die man auf Venedig setzte, war schon damals eitel, denn der Rat von Venedig hatte bei der Kunde vom Heranrücken Moros die venetianischen Truppen unter dem Grafen Pitigliano verstärkt, um Cremona und das umliegende Gebiet zu behaupten. Bald darauf wurden Lodi und Piacenza von den Venetianern im Namen des mit ihnen verbündeten französischen Königes eingenommen.[2]) Ludovicos Sache n der Schweiz vertrat Galeazzo Visconti. Bisher war es dem Herzog nicht verstattet gewesen, im Gebiete der Eidgenossenschaft selbst zu werben; er hatte seinen Werbeplatz nach Chur verlegen müssen. Auch jetzt war, wie Galeazzo bald darauf schrieb, auf ein Bündnis mit der Schweiz, dem Bundesgenossen des französischen Königes, nicht zu rechnen; im günstigsten Falle war zu erwarten, dass die Tagsatzung sich keiner der beiden Parteien offen zuwandte. Und doch hing von dem Wohlwollen der Eidgenossenschaft in letzter Instanz Moros Geschick ab! Aus Deutschland, wohin Ludovico den Thomas Morone, den älteren Bruder des später berühmt gewordenen mailändischen Staatsmannes Hieronymus Morone, als seinen

---

[1]) Sanuto a. a. O. p. 96: „Dil signor Lodovico se intendeva, era passato Bolzan et Maran, et veniva a la volta di Como, non però con molta zente, ma aliegro, perchè li popoli lo chiamava."

[2]) Vgl. u. a. Frankfurts Reichscorrespondenz II. p. 640.

Agenten geschickt hatte, trafen im Laufe des Monats beträchtliche Unterstützungen an Mannschaften und Geschütz ein, ebenso burgundische Söldner.[1]) Aus Italien flossen dem Herzoge nur geringe Verstärkungen zu: einige Fürsten und Herren sandten eine Handvoll Truppen und wenig Geld, der mit ihm verwandte Herzog von Ferrara in verschämter Weise Geschütz.[2]) Florenz und Genua wagten nicht, sich ihm anzuschliessen; von grösseren Städten erklärten sich nur Pavia und Parma offen für ihn. Für den Augenblick war es am schlimmsten, dass Ludovico in beständiger Geldverlegenheit war und blieb.

Schon am Tage nach seinem Einzuge verliess Ludovico Mailand und zog nach Pavia, wo er Truppen warb. Aber die einmalige Soldzahlung an seine Truppen entblösste ihn fast von allen Geldmitteln.[3]) Nachdem er fünfzehn Tage dort geweilt und sein Heer geordnet hatte, brach er gegen Vigevano auf, seine Geburtsstadt. Dieser Ort wurde angegriffen, kaufte sich aber vor der Erstürmung los.[4]) Mit dem Gelde bezahlte Moro seine Soldaten, denen er anfänglich die Plünderung der Stadt verheissen hatte. Schon galten allgemein die Aussichten des Herzogs für beinahe hoffnungslos;[5]) sein Bruder Ascanio erpresste in Mailand mit Gewalt Geld von den Bürgern und raubte zu diesem Zwecke die Kirchen Mailands aus. Angesehene Bürger verliessen, an Moros Sache

---

[1]) J. d'Auton a. a. O. p. 132. Chron. Venet. p. 141. Sanuto a. a. O. p. 135.

[2]) Vgl. Guicciardini a. a. O. p 121. Chron. Ven p. 144 Sanuto a. a. O. p. 144.

[3]) Prato a. a. O. p. 241.

[4]) S. Brief Moros bei Magenta: I Visconti e gli Sforza etc. II. p 483.

[5]) Sanuto p. 155 „Item. par milanesi mandano 4 oratori al re di romani, et le cosse vano mal per il signor Lodovico.“ Morone bei Rosmini a. a. O. II. p. 287: Ita quod nisi celeritas Sfortianos sublevet, rem eorum quasi desperatam esse augurantur omnes ii qui harum rerum usu prudentes habentur. Chron. Ven. p. 147: Sicchè si giudicava che egli (d. i. Moro) non potesse star contra l'impeto Francese.

verzweifelnd, die Stadt. Die Venetianer bewiesen sich feindselig, und von der Schweiz liefen ungünstige Nachrichten ein (s. S. 4). Von Vigevano zog Moro nach Novara, wo der Graf von Misocco commandierte. Die Besatzung capitulierte auf einen geheimen Befehl Trivulzios gegen freien Abzug; die Bürgerschaft kaufte sich durch Zahlung von 60000 Ducaten von der Plünderung los, das feste Schloss aber blieb in den Händen der Franzosen und musste von Ludovico belagert werden. Die Einnahme Novaras am 22. März erregte noch einmal einen Jubelsturm in Mailand,[1]) aber schon rückte der neue Oberbefehlshaber der Franzosen La Trimouille, der die störende Uneinigkeit zwischen Ligny und Trivulzio beseitigen sollte, heran. Unterdessen war auch in der Schweiz die Entscheidung gefallen.

Es war Galeazzo Visconti nicht gelungen, die Schweiz dem französischen Bündnis abwendig zu machen.[2]) Franzosen und Mailänder wetteiferten in ihren Bemühungen um die Gunst der schweizerischen Tagsatzung; auch König Maximilian schickte zu Gunsten des Herzogs von Mailand eine Gesandtschaft an die Schweizer. Der Erzbischof von Sens mühte sich für die Franzosen; Matthaeus Schinner, Bischof von Sitten, im Interesse des Landes Wallis für den Herzog Ludovico. Die Gewandtheit und Rücksichtslosigkeit des französichen Unterhändlers in der Schweiz, des Ballifs von Dijon, A. Bessey, machte alle diplomatischen Verhandlungen überflüssig. Er zog mit dem „Kronensack" von Ort zu Ort und warb trotz der strengen Verbote des Reislaufens seitens einzelner Kantone, besonders Berns, 24000 Eidgenossen für den französischen König. Noch einmal sandte Ludovico Moro eine Gesandtschaft, den Erzbischof von Genua mit seinem

---

[1]) Vgl. Sanuto p. 164.
[2]) Vgl. hauptsächlich Val. Anshelm a. a. O. und „Amtliche Sammlung eidgenössischer Abschiede III, 2. p. 11 ff." Beste Darstellung bei L. Fuchs. Die mailändischen Feldzüge der Schweizer I. p. 281 ff.

getreuen Galeazzo Visconti, an die Schweizer, sie kam
aber schon zu spät. Am 31. März wurde in der Tagsatzung zu Lucern der Beschluss gefasst, dass die Schweizer
auf beiden Seiten sich des ·Gefechtes enthalten sollten,
bis eine Gesandtschaft der Tagsatzung einträfe, die eine
Vermittelung zwischen den streitenden Parteien versuchen
oder die Schweizer auf eine Seite bringen sollte, damit
kein Bruderblut im Kampfe vergossen würde. Diese Gesandtschaft machte sich aber erst am 7. April nach Italien
auf und kam nach der Katastrophe von Novara auf den
Schauplatz der Ereignisse. Ihr voraus waren Eilboten
in die feindlichen Lager geschickt,[1]) um die Schweizer
auf beiden Seiten vom Kampfe zurückzuhalten. Der Bericht eines dieser Eilboten, des Hans Roist von Zürich,
liegt uns vor (bei Zellweger: Geschichte von Appenzell
II. 297). Er ergiebt in Verbindung mit den anderen
Quellen, dass die Schweizer in Ludovicos Lager den Befehl ihrer Oberen erhielten, die im französischen Lager
nicht, sei es dass die Hauptleute ihn unterschlugen, oder
dass die schweizerischen Söldlinge auf Frankreichs Seite
durch Geld bestochen wurden, ihn nicht zu beachten.
Die gleichzeitigen Quellen, wie Sanuto (a. a. O. p. 196.
200) wissen nur von der Zurückberufung der Schweizer
in Sforzas Diensten.[2])

Damit war Ludovicos Schicksal entschieden. Er
selbst hatte kein Vertrauen zu seiner Sache[3]) und hielt
sich nicht mehr für fähig, die Dinge zu leiten. Unmittelbar nach der Capitulation von Novara hatte er sich nach
Mailand begeben, um auf's neue Geld von den schon er-
schöpften Bürgern herauszupressen[4]); hoffnungslos kehrte

---

[1]) S. Morones Briefe.
[2]) Ebenda.
[3]) Ranke a. a. O. p. 128 zieht aus dem Umstande, dass der Novara
belagernde Herzog in der Unterschrift eines Briefes sein Lager das „glück-
selige" nennt, den Schluss, Moro habe seine Lage noch günstig aufgefasst
Allein diese Wendung ist, wie ein Blick in Rosmini II lehrt, formelhaft.
[4]) Vgl. Prato p. 245. Sanuto p. 169. Chron.-Ven. p. 145.

er in sein Lager zurück. Unterdessen rückte das fränzö-
sische Heer eilig gegen Novara heran und schnitt dem
Herzoge die Lebensmittel ab, um ihn zur Schlacht zu nötigen. Ascanio machte noch einmal in Mailand die gröss-
ten Anstrengungen, Geld und Truppen für seinen Bruder
aufzubringen: der Opferwilligkeit des Volkes gelang es,
10,000 (Sanuto giebt sogar 14,000 an) Mann auf die Beine
zu bringen. Aber diese kamen nicht mehr zur Action.
Ludovico schlug in den ersten Tagen des April noch mehrere, nicht immer ungünstige Gefechte; am 8. endlich war
er gezwungen, den Franzosen in offener Feldschlacht ent-
gegenzutreten. Als er seine Haupttruppe, die Schweizer,
in's Treffen schicken wollte, verweigerten sie den Kampf
und begannen sich mit ihren Landsmännern im feindlichen
zu verbrüdern; ein Teil von ihnen entwich über den Tessin
in die Heimat. Ludovico musste notgedrungen den Rückzug antreten.

In der Nacht dieses für Ludovico Moro so unglücklich
endenden Tages begann, wie Morone in seinem Briefe an
Varadio (Rosmini a. a. O. p. 290) erzählt, der Herzog, an
seinem Waffenglück verzweifelnd, heimliche Unterhandlungen mit dem Grafen von Ligny, seinem Freunde und
Verwandten.[1] Auf sie muss hier näher eingegangen
werden, da die Geschichtsschreiber bis jetzt sie über Ge-
bühr vernachlässigt haben. Rosmini, der in dem ersten
Bande seines Lebens des Marschalls Trivulzio p. 348 ff.
über dieselben, ihr Ergebnis und ihre Geschichte berichtet,
nimmt als Hauptquelle für dieselben nicht Morone, der
uns als bester Gewährsmann gilt, sondern den Johann
Antonio Rebucco, Diener im Gefolge Trivulzios, der jedenfalls mit vor Novara war, an, er, der den Rebucco nur in
dem Falle für glaubwürdig hält, wo derselbe als Augenzeuge erscheint. An anderer Stelle[2] führte er allerdings

---

[1] Grumello: Cronaca in „Raccolta di cronistri e documenti storici Lombardi inediti" vol. I p. 55. Magenta: J Visconti e gli Sforza nell castello
di Pavia I p. 559 Aum. 2

[2] p. 354 ff.

auch den Bericht Morones an, aber nur um zu zeigen,
dass dieser von dem angeblichen Verrate Moros durch
seine schweizerischen Söldner nichts wisse. Er sagt a. a.
O.: La lealtà nientedimeno di storico imparziale vuol che
si dicea, che alcuni scrittori, e segnatamente Girolamo
Morone che a vero dire di questi fatti potea essere
pienamente informato, in diverso modo narran la cosa,
e salvano almeno in gran parte dalla taccia di tradimento
gli Svizzeri.

Die Darstellung des Ganges der Verhandlungen Moros und Lignys und der Inhalt der Abmachungen zwischen
dem Herzog und dem französischen General bei Rebucco
läuft der Darstellung Morones zuwider. Nehmen wir mit
Rosmini die des ersteren für die richtige an, so ist die
Morones, für den schwerlich etwas mehr Interesse haben
konnte als diese Verhandlungen, der letzte Rettungsanker
seines unglücklichen Herrn, falsch. Bekanntlich hat Ranke
(zur Kritik neuerer Geschichtsschreiber, p. 145) Zweifel
an der Authentie der auf den Ausgang des Herzogs Ludovico Moro bezüglichen Briefe des Hieronym. Morone erhoben. Wir werden diese Frage unten ausführlich erör-
tern. Aber schon an dieser Stelle werden wir bei
der Untersuchung über den Geheimtractat von Novara ein
Kriterium für die Authenticität der Briefe Morones gewinnen. Wir geben zunächst den Bericht Rebuccos,[1]) so-
weit er sich aus Rosmini eruieren lässt, wieder:

„Zwischen Trivulzio und Ligny herrschte erbitterte
Feindschaft während des Feldzuges 1500, von der L. Moro
sehr wohl Kenntnis hatte.[2]) Der dem königlichen Blute
verwandte Graf von Ligny konnte es nicht ertragen,
einem Italiener, Trivulzio, im militärischen Range unter-
geordnet zu sein. Dieser Hass fand Nahrung in einer Ge-
waltthat Trivulzios: er hatte einen Soldaten der Kompagnie
Lignys, der geplündert hatte, auf frischer That hinrichten

---

[1]) Seine Biographie Trivulzios scheint jetzt verloren zu sein.
[2]) Rosmini I p. 348 ff.

lassen.[1]) Moro also, der von diesem feindseligen Verhältnis Kunde hatte, schrieb heimlich an Ligny, er wünsche mit Ludwig XII. von Frankreich ein Abkommen zu treffen. Ligny schickte ihm darauf, um dem Trivulzio nicht die Demütigung seines Gegners zu gönnen, die Paragraphen eines Vertrages,[2]) der, wie er glaubte, dem König Ludwig genehm sein würde. Die einzelnen Paragraphen gesteht Rebucco nicht zu kennen (wie sie auch Morone nicht kennt: „conditiones, quarum tenor mihi non est plene notus“); er weiss nur, dass L. Moro sich erbot, als Lehensmann dem Könige von Frankreich jährlich 100000 Scudi zu zahlen. Dagegen erhielt Ludovico das Versprechen, den Marschall Trivulzio lebendig ausgeliefert zu erhalten. Aber dieser kannte seine Feinde und Neider gut und erfuhr durch seine Spione von ihren Anschlägen. Der Bote, welcher dem Herzoge den Entwurf des Vertrages von Ligny überbrachte, wurde aufgefangen und heimlich getötet. Das Manuscript des Vertrages behielt Trivulzio, um es zu gelegener Zeit zu gebrauchen. Die ganze Sache blieb vorerst Geheimnis.

L. Sforza erhielt also keine Botschaft von Ligny, glaubte deshalb an eine ablehnende Antwort desselben und beschloss, die noch von den Feinden besetzte Citadelle von Novara wegzunehmen, bevor die Hülfstruppen aus Frankreich ankämen. Diese rückten aber unter der Führung von Amboise und la Trimouille schnell heran. Moro sah sich zur Schlacht gezwungen. Trivulzio aber als grosser Feldherr gedachte nicht durch das Schwert, sondern durch List zu siegen. Er wusste, dass die

---

[1]) Rosmini I p. 585.

[2]) Die Zeit, in der dieses geschah, bleibt bei Rebucco unklar. Jedenfalls v o r dem Anmarsch der Franzosen gegen Novara! Dass schon zu dieser Zeit Gerüchte gingen von einem Vertrage zwischen Ligny und Moro, beweist M. Sannto III, p. 167: „Item, el ditto messo marti se atrovò a Pavia, e senti far una crida, come el signor Lodovico haveo fato tregua e liga con la majestà dil re di Franza per anni 20, e che monsignor de Lenich era andato a Milano, per darli el castello. . . .“

Schweizer in Sforzas Heer erbittert waren wegen der ihnen vorenthaltenen Plünderung von Vigevano und Novara. Er liess ihnen vorstellen, dass es grausam sei, gegen Landsleute zu fechten, den Gelüsten eines Usurpators zu dienen, dessen Sache aussichtslos sei; der König von Frankreich dagegen könne sich ihnen bei vielen Gelegenheiten wert machen und sie für den gegenwärtigen Dienst (den Abfall von Moro) reich belohnen.[1])

Diese Einflüsterungen Trivulzios verfehlten ihre Wirkung nicht: die Schweizer wurden in ihrer Treue schwankend. Sie erklärten dem Herzog: da sie keinen Sold erhielten, wären sie ihres Dienstes entbunden; sie wollten nach Hause. Durch Thränen, Versprechungen Geschenke hielt sie Ludovico noch zurück.

Die Franzosen rücken gegen Moro an. Der Herzog zieht ihnen entgegen; die Schweizer in seinem Heere aber' weigern sich, ihre Stellungen einzunehmen und zu kämpfen. (Dies war am 8. April.) Es erfolgt die Katastrophe. (Was Rebucco hierüber erzählte, können wir nicht des näheren eruieren.) Mailand erhält wieder Trivulzio zum Statthalter. Der Bürgerschaft wird Verzeihung gewährt;[2]) sie muss aber eine Strafsumme von 300000 Dukaten erlegen, von der ihr durch Vermittlung des Marschalls Trivulzio 200000 erlassen werden (wie Rebucco wissen will; nach Prato p. 250 zahlte sie 160000 Dukaten, der Rest wurde ihr durch Verwendung der französischen Königin erlassen. M. Sanuto III p. 255 hat die wahrscheinlich das Richtige treffende Angabe: A per uno vien di Milan, che missier Zuan Jacomo à dato termine un zorno a' milanesi a pagar li ducati 100 milia; et l.

---

[1]) Diese Einflüsterungen Trivulzios bei Rosmini I 351 stammen wahrscheinlich von Rebucco her, da Prato von diesen nur im allgemeinen spricht (a. a. O. p. 245), andere Quellen wie Ferronus den la Trimouille, Legendre den Cardinal von Amboise als denjenigen, welcher die Saat verräterischer Gedanken unter den Schweizern ausstreut, nennen. Der grosse Rest weiss überhaupt hiervon nichts.

[2]) Rosmini I 369 ff.

·ducati 200 millia termine un anno come parerà al roy.
Morone und ebensowenig Arluni wissen etwas von einem
Erlasse durch Trivulzio). Trotzdem wird Trivulzio von
der Mailänder Bürgerschaft ob der Verwaltung seiner
Statthalterschaft angeklagt, der Graf von Ligny verläumdet
ihn am französischen Königshofe,[1]) indem er erklärt, die
Rebellion zu Mailand sei nur deshalb ausgebrochen, weil
Trivulzio dem Volke Abschaffung aller Steuern versprochen
habe. Trivulzio wird seines Statthalteramtes ehrenvoll
entsetzt; er geht an den Hof des Königs von Frankreich,
um sich zu rechtfertigen.[2])

Bei dem König und der Königin wurde Trivulzio
gütig aufgenommen. Der Marschall erklärte, er böte sich
und seine Familie dem Könige zur Strafe dar, wenn er
·der ihm zur Last gelegten Vergehen für schuldig befunden
würde. Der Graf von Ligny, welcher fürchtete, ein
längeres Verweilen Trivulzios am Hofe würde vielleicht
bald die vollkommene Unschuld desselben an den Tag
bringen, lässt ihn durch einige seiner Anhänger öffentlich
beschimpfen, um ihn zu einer unüberlegten Handlung
fortzureissen. Trivulzio verbietet seinen Leuten, diese
Schmach zu ahnden; er verlangt eine Audienz von dem
König und fordert die Confrontation des Grafen: er will
auf alle Anschuldigungen antworten und der königlichen
Entscheidung alles anheimgeben. Dieses geschieht. Ligny
erhebt die Anklage; Trivulzio rechtfertigt sich, in seiner
Verteidigung beständig von dem Grafen unterbrochen.
Erbittert über dieses Benehmen, zieht er aus seinem
Busen jenen Brief Lignys an Ludovico Moro, welcher die
Friedensvorschläge enthielt, und fragt den Grafen, ob er
die Handschrift erkenne. Jener wird bestürzt; der Mar-

---

[1]) Vgl. Sanuto III p. 317 und 451 (Nachricht aus Frankreich vom
22. Juni)... et monsignor de Ligni à ditto mal di missier Zuan Jacomo,
e stanno su queste pratiche.

[2]) Sanuto p. 377. Come el cardinal partirà a dì 8 (Juni) per Franza;
va con lui monsignor di la Trimolia, missier Zuan Jacome e altri signori.
E missier Zuan Jacome dice, li è stà oposto va a justificbarsi col re.

schall legt das Schreiben in die Hände des Königs mit
der Bitte, es zu lesen. Vor Zorn glühend, befiehlt der
Monarch dem Grafen, sich sofort auf seine Herrschaft in
der Normandie zu begeben und Sorge zu tragen, dass er
nicht das Schicksal seines Vaters teile. (Dieser war 1475
hingerichtet worden). Jener gehorcht, stirbt aber schon
2 Monate darauf, von Schmerz und Gram verzehrt. Der
Marschall hingegen wird mit Ehrenbezeugungen, seine
Gemahlin mit kostbaren Geschenken überhäuft.[1]) Der-
gestalt glänzend rehabilitiert, unternahm der Marschall
eine Reise in die Bretagne, kehrt dann, von König Ludwig
mit Gütern und Privilegieen noch weiter bedacht, in sein
Vaterland zurück, wo er sich einige Zeit Ruhe gönnte.
Bis zu dem Jahre 1503 hören wir von ihm bei Rosmini
(und Rebucco) nichts; erst seit dieser Zeit tritt er wieder
auf den Schauplatz kriegerischer Ereignisse."

So ungefähr Johann Antonio Rebucco. Von diesem
Autor wissen wir wenig. Sein Vater war Martin Rebucco
(Rosmini I p. 33), ein „valente uomo d'arme" (wie ihn
sein Sohn nennt), ein Diener im Gefolge Trivulzios, der
ihn 1476 auf einer Fahrt in das gelobte Land begleitete.
Er starb 1498. (Rosmini I p. 643.) Sein Sohn war
Kammerdiener bei Trivulzio; er trat in den Dienst des-
selben im Jahre 1494. (Rosmini ebendaselbst.)

Rebucco scheint erst lange Zeit nach dem Tode des
Marschalls († 1518) auf das Geheiss eines Enkels desselben
geschrieben zu haben.

Bei Rosmini II p. 10 heisst es: Gioan Antonio Rebucco in una sua lettera originale in data dei 6 giugno
1541 scritta da Milano al Marchese di Vigevano Gian —
Francesco Trivulzio che si trovava allora a Mendrisio, ove

---

[1]) Rosmini I 594. Diese Geschenke waren, wie Rebucco geschwätzig
erzählt: una chinea learda fornita di velluto cremisi ricamato d'oro, una
croce di balascio e un anello con un cuore formato di grossi diamanti.
Vgl. Sanuto III p. 495 (Nachricht aus Crema vom 11. Juli 1500). . . .
Et la raina (von Frankreich) à donà a la moglie di missier Zuan Jacomo
una coladena di valuta di ducati X milia.

ad alcuni quesiti risponde dal Marchese propostigli intorno alle geste del glorioso suo Avo Gian-Jacopo, fra le altre cose gli dice: „Jo scrivero tutto quello ch'io ho audito de sua boccha (cioè di Gian Jacopo) et de mio Patre, qualle fu el primo ragazzo che luy ebbe et morse nel 1498 il giorno de Santo Lucha". Rebucco schrieb also nach 1541. Rosmini hatte zwei Werke von ihm vor sich (I p. 17. Anm.: In uno di que' quaderni ne' quali Giovanni Antonio Rebucco, separatamente dalla storia in grande da lui compilata, scrivea que' fatti appartenenti al Trivulzio che gli occorrevano alla memoria, a ciò spronato dal Marchese Francesco Trivulzio figlio di Nicolò figliuolo di Gian-Jacopo, leggesi quanto segue...): eine annalenartige Aufzeichnung der denkwürdigen Begebenheiten aus Trivulzios Leben und eine wirkliche Geschichte desselben, deren Stoff er kritiklos überall her entnahm. Letztere scheint er noch später geschrieben haben. Rebucco benutzt in seiner Geschichte häufig den Corio (Rosmini I. p. 25. 27. 303. 318 und gewiss noch an vielen anderen Stellen, die wir nicht mehr erkennen können). Corios († 1519) Werk erschien schon 1503 (Potthast: Bibliotheca hist. med. aevi p. 258 Döllinger, Papstfabeln p. 32); diese Ausgabe war aber sehr selten. Der Herausgeber der gebräuchlichen Ausgabe von 1554 Bonelli sagt in der Einleitung: Era questa historia sommamente desiderata, ma essendo stato una volta et non più stampata, da rarissimi ritrovata ... Es ist kaum anzunehmen, dass ein Mann von der geringen Bildung eines Rebucco seltene Bücher zu seinem Werke benutzt hat, im Gegenteil die beliebten, wie deren eines Corio nach dem Drucke von 1554 war. Rebucco trat also in jungen Jahren in den Dienst Trivulzios und schrieb in hohem Greisenalter. Letzteres beweist auch die greisenhafte Geschwätzigkeit seines Stiles, die an manchen Stellen der Rosminischen Biographie, besonders in den letzten Büchern, durchblickt.

Rebucco schrieb aus dem Gedächtnis (s. o.); einzelne Notizen hatte er sich gewiss schriftlich gemacht, z. B. die

über seinen Eintritt in den Dienst Trivulzios. Sein Urteil
war — das können wir schon nach dem bisher Ausgeführten annehmen — oberflächlich, parteiisch (Rosmini I,
561); das wahre Wesen der Dinge blieb ihm verborgen,
um so eifriger aber sprach er über die Dinge, deren strah-
lender Mittelpunkt für ihn immer die Gestalt Trivulzios
war (schon seinem Auftraggeber zu Gefallen). Rosmini
I 643 urteilt über sein Werk so: „Scrisse egli una Storia
o Vita del Maresciallo in rozzissimo stile e con niuna
critica: pure ove parla delle cose avvenute segnatamente
sotto i suoi occhi, il fà con tanta ingenuità che la credenza
conciliasi de' leggitori“. Er nennt sein Werk ein Sammel-
surium („zibaldone“); nichts desto weniger führt er ihn
oft an [1]): allerdings oft nur, um ihn zu widerlegen oder
sogar sich über ihn lustig zu machen: z. B. I p. 17 irrt
Rebucco und befindet sich mit sich selbst im Widerspruch;
p. 25. irrt er zusammen mit Corio, d. h. er hat dessen
Irrtum ausgeschrieben; p. 185 sagt Rosmini von ihm: „E
da registrarsi tra le favole ciò che affermano il Rebucco
il Maltorelli e più altri scrittori, cioè che il Pontefice
offrisse al Trivulzio il cappello cardinalizio, da che non
poseva ignorare il matrimonio da lui contratto ...“ (ein
Beweis, dass Rebucco gedankenlos niederschrieb); p. 177
erzählt Rebucco, Trivulzio habe, als die Missgunst des
Herzoges von Bari ihm Truppen entzogen, sein Privatgut
hergegeben (Trivulzio war doch sonst in Geldsachen nicht
so freigebig!) neue zu werben. Rosmini bemerkt p. 178
zu dieser Erzählung: „Noi non siamo disposti a credere
tutto ciò che questi scrittori (Rebucco, Marignano, Maltorelli) ci narrano, tanto più che nei documenti dell' Archivio troviamo di che in alcune cose arguirli di falsità e

---

[1]) I, 6. 7. 8. 9. 13. 15. 17. 20. 25. 27. 29. 32. 33. 34. 37. 38. 40. 44
55. 93. 129. 130 175. 177. 185. 188. 215. 228. 230. 231. 245. 268. 285.
288. 292. 295. 303. 318. 329. 336. 344. 349. 363. 369. 373. 374. 383. 316.
417. 420. 483. 486. 487. 488. 491. 493. 496. 498. 507. 522. 525. 533. 535.
537. 545. 555. 565. 567. 574. 582. 574. 582 ff. 587. 589 f. 595. 599. 600.
601. 643. 658 ff. II, 8. 10. 11. 16. 228. 238. 300. 416.

segnatamente circa alla vendita degli argenti e delle altre
cose fatta per il Trivulzio con nuove gente a quelle ch'
eran fuggite". Sonst erscheint Rebucco als schwatzhafter
Höfling: er erzählt von der Fontäne, die bei der Hochzeit
Trivulzios mit Beatrice d'Avalos 3 Tage lang Wein aus-
sprudelte; von den Geschenken der Königin von Frankreich an die Gemahlin Trivulzios (s. o.) u. s. w. Gewöhnlich sind es persönliche Angelegenheiten Trivulzios, Aussprüche desselben, Züge von Edelmut, meistens Helden-
thaten des Marschalls, die er berichtet; es passiert ihm
dann wohl auch, dass er nicht weiss, wo die Heldenthat
stattgehabt hat (p. 129 f.). Er wäscht natürlich seinen
Helden von dem Vorwurf, den König Ferrand von Neapel
treulos verlassen zu haben und zu Karl VIII desertiert zu
sein (p. 554 f.), rein. Wir sehen, ein Autor, der für uns
nur glaubwürdig ist, wenn seine Berichte durch andere
gestützt werden.

Rosmini hielt, wie wir annehmen, die Erzählung Rebuccos über die Unterhandlungen (von Novara) zwischen
Ligny und Moro für glaubhaft, weil er manche Einzelheiten durch andere Gewährsmänner beglaubigt fand und
besonders, weil ihm eine in sich geschlossene, ursächlich
verknüpfte, genau detaillierte Darstellung entgegentrat.
Er wich also eigentlich von seinem eigenen Urteile über
Rebucco ("pure ove parla delle cose avvenute segnatamente
sotto i suoi occhi, il fà con tanta ingenuità che la credenza
conciliasi de' leggitori") ab, denn Rebucco war schwerlich
Augenzeuge der Audienz, welche Trivulzio wieder zu vol-
lem Ansehen bei Ludwig XII brachte.

Die bei Rebucco erwähnte Audienz müsste stattgefunden haben etwa im Juli des Jahres 1500. Ligny starb
also, wie Rebucco berichtet im Herbste desselben Jahres.
Es ist merkwürdig, dass es Rosmini entgangen, dass dieses
Faktum vollkommen aus der Luft gegriffen ist. Ligny
ist gestorben im Anfange des Jahres 1504, nachdem er
lange am Fieber gekränkelt (M. Sanuto a. a. O. V p. 588),
in der Residenz Lyon, nicht in der Verbannung. Er starb

zum allgemeinen Leidwesen seiner Landsleute (Sanuto V p. 668), ausgezeichnet noch während seiner Krankheit durch den Besuch des Königes und der Königin.

Der französische Hofhistoriograph der Zeit Jean d'Auton schreibt in seinen Chroniques III p. 71: „Comme une perte volontiers attrait l'autre et un dommage ensuit son malheur, après les choses susdites, mourut à Lyon Louis, monseigneur de Luxembourg, comte de Ligny, proche parent du roi et son loyal serviteur, ami de l'Eglise, père des gentilshommes, écu de proesse, champion des dames, avocat des pauvres, appuyal du peuple, le parement de cour et l'honneur du royaume de France" und schildert dann sein unter den Trauerkundgebungen des ganzen Landes gefeiertes Leichenbegängnis.

Aber es war nicht ein in Gnaden wieder aufgenommener Verwandter des Königes, dem die Ehrenbezeugungen des königlichen Ehepaares galten, sondern es war der für den neapolitanischen Feldzug bestimmte Generalissimus der französischen Armee (vgl. die Biographie Bayards in der Collection complète des mémoires relatifs à l'histoire de France, hrsg. von Petitot XV p. 225). Ligny hatte grosse Besitzungen in Neapel, was ihn wahrscheinlich mitbewog, immer zum Kriege gegen Neapel zu drängen (vgl. Collection compl. des mém. a. a. O. Jean d'Auton a. a. O. II p. 117. M. Sanuto a. a. O. III p. 568. 1451. 1486. 1535. 1572, der über die Verhältnisse am französischen Hofe noch besonders gut unterrichtet ist). Die erwähnten Quellen wissen nichts davon, dass Ligny bei dem französischen Hofe in Ungnade gefallen wäre. Ebensowenig Niccolo Machiavelli, der um die Zeit des angeblichen Sturzes Lignys als florentinischer Gesandte am französischen Hofe weilte: in seiner (V.) Legation findet sich Ligny noch lange nach der erwähnten Audienz bei Hofe in Stellung.[1]) Wohl aber lesen wir aus den

---

[1]) Vgl. Le opere di Niccolò Machiavelli, hrsg. von Passerini und Milanesi III p. 243.

Berichten des glaubwürdigsten Gewährsmannes Sanuto heraus, dass der Antagonismus zwischen Ligny und Trivulzio am Hofe zu Lyon zu Ungunsten des letzteren ausgeschlagen ist.[1]) Dafür ist schon ein äusseres Zeichen, dass Trivulzio nicht wieder Statthalter von Mailand wurde, wenn er auch den Titel eines solchen wieder erhielt. Die hierauf bezüglichen Berichte Sanutos sind:[2]) III p. 495 vom 11. Juli 1500 „... et a Milan si aspeta monsignor di Obignì et monsignor di Cremesona, uno vien sora le zente d'arme, l'altro al governo fino vengi missier Zuan Jacomo, licet francesi dichono non verà più..."

p. 506 (vom 5. Juli 1500) ... „Item" missier Zuan Jacomo Triulzi li ha ditto convien restar in Franza."

p. 516 (Mitte Juli) „Item" missier Zuan Jacomo Triulzi è mal visto in Franza, et eri missier Zorzi Triulzi vene di Franza non con tropo gaudio." Trivulzio bleibt in Frankreich (vgl. Machiavelli a. a. O. p. 147), von Ligny hören wir unterdes (Sanuto p. 568 „Da Milan di 28. luglio in zifra"): „Et monsignor di Lignì solicita l'impresa di Napoli".

p. 1038. (Nachricht vom 3. November) „... dice (ein Sekretär Trivulzios) è zonto (Trivulzio) in Aste vien de qui con li titoli e podestà consueta". Ibd. „Da Liom di 22. octubrio". „E li disse (Trivulzio dem Gesandten Venedigs) tornava in Lombardia con gracia dil re, restituito a tutti li soi titoli, ma lui non voleva li usar, maxime quel di luogotenente, per li francesi soi contrarii governano Milan, ma sarà maraschalcho general di le zente d'arme; starà a riposarsi stracho da le fatiche, e vol recuperar certi soi lochi a'confini, di todeschi. Dice,

---

[1]) Am französischen Hofe waren beide um die Zeit, die Rebucco für die famose Audienz angiebt, vgl. Machiavelli a. a. O. III 99.

[2]) Schon im April 1500 war Trivulzio in der Ungnade des französischen Königs vgl. Sanuto p. 269 (Bericht des venetianischen Gesandten vom 23. April): Poi in una poliza scrive missier Zuan Jacomo esser in pocha reputation de li, et che il re li torà il governo di Milan. Vgl. p. 284. 275.

francesi non à mancato oponerli al roy, tamen è stà visto
la verità". Aus diesen Worten Trivulzios spricht eine
sehr gedrückte Stimmung. Im Dezember des Jahres 1500 ist Trivulzio wieder in
Mailand; unbeachtet („insalutato hospite") ist er dort ein-
gezogen. (Sanuto III p. 1137: „È venuto in Italia con
li titoli havia, ma non vol niun cargo; e quando il re li
havesse dati, non li ariano acetati perchè a li errori seguiti,
bisogneria un Dio in terra".) Im Januar des folgenden
Jahres liegt er sich schon wieder mit den französischen
Führern in den Haaren, vgl. Sanuto a. a. O. p. 1318; die
Heirat seines Sohnes, des Grafen von Misocco, mit der
Tochter eines bei dem französischen Könige nicht gut
angeschriebenen italienischen Dynasten verfeindet ihm
bald darauf wieder arg dem Hofe und entfremdet ihm Anhänger (Sanuto a. a. O. p. 1338). In dieser Stellung finden
wir ihn in den nächsten Jahren. Ligny tritt uns als das
in steter Thätigkeit begriffene Haupt der französischen
Kriegspartei entgegen: er ist bald in Frankreich, bald in
Oberitalien, meist im Gefolge des Königs. (Vgl. Auton
a. a. O. II p. 106. 108. 113. (1502 weilt L. in Neapel)
117. 189 (zusammen mit Ligny im Gefolge des Königs
ist Trivulzio.) 199. 217 u. s. f. Machiavelli a. a. O. 193.
243). Ehrenvolle Aufträge werden ihm zu teil: so wird
er dem Erzherzoge von Spanien zum Empfange auf fran-
zösischem Boden entgegengeschickt. (Collection des Chroniques Belges IV p. 121 f. Sanuto IV 568. 574).

Aber dafür, dass Ligny nach der denkwürdigen
Audienz bei Ludwig XII in Ungnaden entlassen wurde
und 2 Monate später starb „vinto dal dolore e dal dis-
petto," führt Rosmini (I 373 Anm. b.) als Gewährsmann
neben Rebucco noch eines gewissen Jean Bauchet de
Poitiers Annales d'Aquitaine p. 186 an. Erst das Durch-
lesen des gesamten Werkes Rosminis führte uns darauf,
dass hier ein sinnstörender Druckfehler vorlag: es ist dieser
Autor kein anderer als der Verfasser des bekannten
Panegyricus des chevalier sans reproche (La Trimouille),

Jean Bouchet, geboren in Poitiers (von Rosmini I 494
thöricht als Jan de Poitiers citiert) 1476, gestorben um
1550. Sein von Rosmini benutztes Werk trägt den voll-
ständigen Titel: Annales d'Aquitaine et Antiquités de
Poitou (s. Collection complète des mémoires relatifs à
l'histoire de France Bd. XIV p. 334). Da uns das Buch
nicht vorliegt, wollen wir aus Rosmini selbst die für die
Beurteilung seines historischen Wertes nötigen Notizen
zusammensuchen. Rosmini sagt über das Werk (I p. 475):
„Jean Bouchet de Poitiers ne' suoi Annales d'Aquitaine
stampati nel 1557[1]) oltre le molte favole che racconta
intorno alla battaglia della Riotta, dice che furono 20000
gli Svizzeri che assaltarono il campo francese, che d'essi
furono uccisi sette in otto mila uomini, mentre i Francesi
non perderono che cinquante uomini, o mille duecento o
alpiù mille e trecento fanti. Ecco come lo spirito nazio-
nale non moderato dalla ragione trae l'uom di senno. Vedi
foglio 191 e seg." (In dieser Schlacht bei Novara 1513
wurden die Franzosen aufs Haupt geschlagen; ihre Verluste beliefen sich nach glaubwürdigen Angaben bis auf
10000 Mann). Als einen der französischen Feldherren in
der Schlacht von Ravenna führt J. Bouchet in seinen
Annales d'Aquitaine irrtümlich Trivulzio an, vgl. Rosmini I
p. 448 Anm.: „Si corregga error dell 'Autore degli Annales
d'Aquitaine (p. 190) il qual registra fra i valorosi Capitani
che ebber parte nella guerra di Ravenna anche il
Maresciallo Trivulzio."

Dieses gewinnen wir aus Rosmini selbst für die Beurteilung Jean Bouchets Der historische Wert der annales
d'Aquitaine reicht nicht im entferntesten an unsere obigen
Gewährsmänner Jean d'Auton, M. Sanuto, den loyal serviteur hinan. Überdies, wenn J. Bouchet auf Seite 186
ein Ereignis aus dem Jahre 1500, auf Seite 191 schon ein
Ereignis aus dem Jahre 1513 anführt, so ist mit Bestimmt-

---

[1]) Nach Monod: „Bibliographie de l'histoire de France p. 242" schon
1524 erschienen.

heit anzunehmen, dass er die Ereignisse um 1500 sehr summarisch behandelt. Wir brauchen ihn also gar nicht zu berücksichtigen. Aber es ist auch gar nicht wahrscheinlich, dass J. Bouchet von der Ungnade Lignys und seiner Verbannung vom Hofe erzählt. Nichts Anderes wird die citierte Stelle enthalten als den Tod Lignys, vielleicht nicht einmal Jahr und Tag desselben. Denn wenn Rosmini für irgend ein Faktum mehrere Gewährsmänner anführt, so ist in der Regel nur der erstgenannte wirklicher Gewährsmann (wie in unserem Falle Rebucco); die anderen bieten nur Belege für Einzelheiten, z. B. Rosmini I 420 sagt über den Tod Karls von Chaumont: ... Chaumont ... terminò in età di 38 anni, chi dice per il dispiacere che provò nell' essergli tolto il commando dell' esercito, e chi per essersi sovverchiamente abbandonato ai piaceri sensuali. Als Beleg führt er u. a. an: Histoire du chevalier Bayard cap. 47. Dort heisst es (Collection complète ... XV p. 375): Quelque temps apres, en ung lieu dit Conrege, alla de vie à trespas le bon seigneur de Chaumont, ce gentil chevalier qui, par l' espace de dix ou douze ans, avoit si bien gardé la Lombardie à son maistre le roi de France. Ce fut en son vivant un sage, vertueux et advisé seigneur, de grande vigilance, et bien entendant ses affaires: also nur das Faktum des Todes wird erwähnt. Dergleichen Beispiele könnten wir viele aus Rosmini anfüren, und wir glauben, dass auch die angebliche Stelle Bouchets in den Annales d' Aquitaine p. 186 ein solches bietet. Jedenfalls ändert sie an den gewonnenen Resultaten nichts.

Wenn also nicht Ligny in Ungnade fiel, sondern Trivulzio, ist es dann möglich, dass der stolze Marschall, der allein für eine Armee galt und den später Ludwig XII. selbst im Jahre 1508, als die Sympathieen Trivulzios sich den bedrängten Venetianern zuwendeten und er ihr Feldherr werden zu wollen schien, durch einen in fast demütigenden Formen abgefassten Brief versöhnen musste,[1]

---

[1] M. Brosch: Papst Julius II. und der Kirchenstaat p. 167.

trotz des hinterlistigen Anschlages Lignys es sich gefallen liess, mehrere Jahre in militärischen Dingen eine untergeordnete Rolle zu spielen, während Ligny in seiner Stellung blieb, ja ausgezeichnet wurde? Was Rebucco über die angebliche Auslieferung Trivulzios an Moro als Bedingung des sogenannten Tractates von Novara und über die Audienz Trivulzios und Lignys vor Ludwig XII. erzählt, ist Fabel. Sie ist wahrscheinlich so entstanden: Corio (Storia di Milano Bl. 493) berichtet: Nei medesimi giorni (kurz vor dem Tode Karls VIII von Frankreich) Ludovico Sforza Duca di Milano con quanto ingegno havea et con ogni istanza, per il mezo d'alcuni Baroni et altri Primati appresso di Carlo, procurava conciliarsi sotto conditione che Lodovico Aureliense fosse bandito nei confini di Picardia, et il Trivulcio suo molestissimo nemico col modo giustificato, il qual gli darebbe, havesse nelle mani. Et lui prometteva dargli ogni aiuto tanto di danari quanto di gente d'arme contre Venetiani .... il qual' accordo veramente sarebbe successo, se la morte del re non l'havesse deturbato". Rebucco hat dieses an der betreffenden Stelle (Rosmini I 303) aus Corio ausgeschrieben. Diese Reminiscenz hat ihm wohl vorgeschwebt, als er seine romanhafte Erzählung niederschrieb. Trivulzio erschien ja in bedeutenderem Lichte, wenn die Beseitigung seiner Person zur Friedensbedingung gemacht wurde, und er, der Kammerdiener, erschien als der Mitwisser der wichtigsten, geheimsten Pläne Trivulzios!

Wenn wir aus der Erzählung Rebuccos alles das, was auf die Feindschaft Lignys und Trivulzios Bezug hat, austilgen, so fällt auch jeder Grund weg, weshalb Trivulzio, wenn er Nachricht von den geheimen Unterhandlungen Lignys und Moros erhielt (dass er sie erhielt, wissen wir aus Morone und Rebucco), sie geheim halten sollte. Morone erzählt (Rosmini II 290), dass am Morgen des 9. April die französischen Führer et ipse etiam J. J. Trivultius gegen Ligny in Schmähungen über die Unterhandlungen mit Moro ausbrachen und erklärten, sie würden sich an

die festgesetzten Punkte nicht binden, Dieses galt natürlich von der Bedingung (Rosmini II 290) „ut Ludovico
libertas esset quocunque et ad quemcunque Principem vellet
confugiendi . . ." Dass diese in dem projectierten Vortrage gewesen, versichert Morone ausdrücklich: „Verum
tamen illud inter caetera prospiciebatur, ut." . . . s. o.
Bestätigt wird diese Angabe durch das, was La Trimouille
über die Gefangennahme Moros in seinem Bericht an
Ludwig XII. (De la Pilorgerie: Campagne et bulletins de
la grande armée d'Italie p. 452 f.) erzählt: „Il (Moro)
se remeict à Monsieur de Ligny soubz quelque traicté
qu'il luy avoit fait le soir de quoy il me parla
quelque chose au matin, toutesfois il avait rompu son
sauf-conduit, car il s'enfouyait." Es war also ein ab-
geschlossener Vertrag, wie Morone es darstellt: „Fuerunt-
que ea nocte conditiones mutuo consensu firmatae et utriusque eorum signis roboratae."

In dem Vertrage war also dem Herzoge die persönliche Freiheit und die Erlaubnis, nach Belieben seinen
Aufenthaltsort zu wählen, zugestanden. La Trimouilles
Angabe zeigt ferner deutlich, dass die Geheimhaltung des
Vertrages, wie sie uns Rebucco darstellt, vollständig aus
der Luft gegriffen ist. Dasselbe lehrt eine Relation Sanutos im 3. Bande der Diarii p. 259 vom 26. April 1500:
„Item" per una altra letera, mandono alcuŋicapitoli di
l'acordo si feva tra il Moro e monsignor di Lignì,
la copia di qual sarano notadi[1]) qui avanti, abuti da
uno orator di Napoli, zonto a Bozolo, qual vien di Alemagna." Kurzum, Rebucco ist als Quelle überhaupt zu
verwerfen.

Derjenige, welcher die Unterhandlungen zwischen
Ligny und Moro vermittelte, war der schweizerische
Hauptmann in Moros Diensten, Georg Schattenhalb, auf
dem der Vorwurf, Ludovico Moro verraten zu haben,
später hauptsächlich lastete. (Amtliche Sammlung der

---

[1]) Leider löst Sanuto dies Versprechen nicht ein.

eidgenössischen Abschiede III, 2. 81. 94. Zellweger a. a.
O. II 206). In dem Verhöre, das dieserhalb von seinen
Landsleuten mit ihm angestellt wurde, sagte er aus (Zellweger a. a O. II 303): „er sei von dem Herzoge zu Mailand beauftragt worden, mit den Franzosen zu unterhandeln und es sei ihm gelungen, den freien Abzug für ihn
und sein ganzes Heer zu erlangen." Er erlangte den
freien Abzug natürlich nur von Ligny, der im Namen des
Königs handelte und als Verwandter vielleicht Mitleid
mit Moro fühlte. Auch Schattenhalbs Aussage schliesst
jedes Geheimnis, das über dem Factum der Unterhandlungen nach Rebucco geschwebt haben soll, aus: er sagt,
er habe mit den Franzosen unterhandelt. Dass die französischen Führer von den Unterhandlungen wussten,
lehren la Trimouille und Morone.

Am nächsten Tage (9. April) begann offenkundig die
Auflösung des sforzischen Heeres. Die französischen
Führer, unwillig über Lignys Zugeständnisse, traten in
geschickter Weise über Moros Kopf hinweg in Unterhandlungen mit seinem Heere ein. Beide Heere unterhandelten
den ganzen Tag und kamen endlich zu einem Vertrage.
Trimouille berichtet (a. a. A.): „nous tombasmes en une
composicion, et pour ce qu'ilz estoient grans gens dedans,
nous les laissions aller leurs bagues saulves, par tel moyen
que si nous trouvions le More avecque eulx que nous le
prendrions, ce qui fut accordé"; übereinstimmend mit
Trivulzios Bericht an die venetianische Signorie (M. Sanuto III p. 225 f.): „Reliquum ipsius diei sermonibus ul-
tro citroque factis consumptum est et tandem impetratum
burgurdios equites teutonicos pedites abire illesos, longo-
bardos omnes et principem eorum, Ludovicum Sforzam,
quem tum non adesse affirmabant, nostro iuri relinquere."
Jean d'Auton a. a. O. I. p. 189 f. erzählt ausführlich, wie
die Allemands et Bourguignons (unter den ersteren sind
die Schweizer mit inbegriffen, denn er bezeichnet sie als
tout l'appui du seigneur Ludovic) den salvus conductus
erst auf das ganze sforzische Heer ausdehnen wollten,

dann sich dazu verstanden, nicht L. Moro auszuliefern,
wie die Franzosen verlangten, sondern sich dem Auf-
greifen desselben nicht zu widersetzen. Es herrscht also
bei den Schweizern Sforzas noch ein gewisses Schamge-
fühl, das sie antrieb, wenigstens die Person des unglücklichen Fürsten zu retten[1]) Als sie ihn durch Verträge
nicht retten konnten, beschlossen sie, den Herzog ver-
kleidet nach Bellinzona zu entführen, wozu sich dieser
auch willig hergab (Fuchs a. a. O. I p. 330). Ganz so
wie die Augenzeugen und besten Gewährsmänner erzählt
Morone: „Veniunt interea Aelvetiorum Capitanei, qui licet
superioribus suis fidei iuramentique religione cogerentur
aegre tamen ferebant Ludovicum fidem eorum sequutum
ab eis destitutum et quasi perditum, deditionis conditiones
quas non nisi iniquas subiri arbitrabantur pollicitique propterea sunt Ludovico eum incolumem Bellinzonam usque
adducere, si mutato habitu vellet inter ipsos recedentes
misceri, et eis catervatim profecturis adiungi." Morone
fühlt sich also von dem Verhalten der Schweizer nicht
im entferntesten unsympathisch berührt. Dieses ist wichtig für die Abfassungszeit seiner Briefe!

Ludovico zeigt in diesen Tagen ein äusserst un-
schlüssiges Benehmen. Trotzdem er selbst Verhandlungen
mit dem Grafen von Ligny angesponnen, hält er sich
nicht an den abgeschlossenen Vertrag, sondern will jetzt
durch Vermittlung seiner Hauptleute mit dem französischen Heere anstatt mif Ligny eine Capitulation eingehen.
Als diese zu Ungunsten seiner Person ausfällt, denkt er,
an die Versprechungen der schweizerischen Hauptleute
sich anklammernd, an Flucht. Am 10. April ist dieses
Benehmen noch auffälliger. (S. S. 27 f.) Morone hat dieses
Verhalten, dem er, wie man aus den Zeilen herauslesen
kann, keine kleine Schuld an Moros Unglück zuschreibt,

---

[1]) La Trimouille a. a. O. . . . et feusmes advertiz à ceste heure comme
ils ne vouloient point tenir la composicion, mais qu'ils vouloient emmener
ļedit More avecques eulx. Vgl. Trivulzios und des Geoffrey Charles (Anzeiger für schweizerische Geschichte. N. F. IV p. 280 f.) Berichte.

treffend so illustriert: „Itaque Ludovicus tum suorum ducum
et militum pollicitationibus allectus, tum non ignarus eius
dissensionis, quae contra Comitem Lignyaci ex primatibus
Gallorum orta erat usque adeo, ut palam testarentur se
eius promissa minime observaturos quod eum dicerent
solum in tot Ducum et Procerum presentia tantae rei confi-
ciendae potestatem non habuisse, statuit alia consilia experiri, et uti in subitis arduisque casibus fieri solet, quodcunque remedium modo novum sit probatur, mox repugnantia
deducit et ventilat, iterumque laudat et amplectendum
censet, nec tamen unquam in uno sistit, veluti musipula,
ut aiunt, super prunas ambulans". Ähnlich sprachen sich
die Boten der Urkantone, die bald nachher mit Frankreich
wegen rückständigen Soldes und um den Besitz von
Bellinzona und anderen Orten in Kampf gerieten, im
März 1503 vor der venetianischen Signorie aus (wobei
sie den Vorwurf des Verrates an Moro von den
Eidgenossen abwiesen!) vgl. Sanuto a. a. O. V p. 833
... „Item" è li in campo (der Schweizer) oratori dil re di
romani, secreti, uno cavalier et uno conte. E la caxon
dil muover (sc. contra el stato di Milan) è perchè è stà
oposti aver tradito el Moro, e voleno mostrar non sono
traditori". Und p. 836 in einer „Descriptione di cantoni
di sguizari", die jedenfalls auf den Angaben disser Botschaft beruht, heisst es: „Se 'l signor Ludovico havesse
dato fede ad alcuni soi fideli servitori et amici non arebe
perduto lo stato; quando la majestà del re di Francia
fece la confederation con sguizari, lui la potè aver, e per
esser negligente la perse, e quando la volse non potè. La
qual confederation fo la destruction dil preditto duca e
stato di Milano; e quando l'aqua li andava sopra la bocha,
alhora rechiedeva li amici et ajuto".

Während des 9. Aprils steht Moro mit Ligny in Unterhandlungen, unschlüssig, ob er, da die Schweizer ihm
Hoffnung gemacht hatten, nach Bellinzona zu entfliehen,
sich auf die Bedingungen Lignys ergeben sollte oder nicht
(„propterea totum diem trahit et cum comite Lignyaci

fingit se a Gallis timere quos minime acquieturos intellexisse
dicebat iis quae secum pactus erat": Morone). Deshalb
schickte in der Nacht vom 9./10. April, wie J. d'Auton
a. a. O. I p. 192 berichtet und die Aussagen der schweizerischen Hauptleute es bezeugen, der Graf von Ligny noch
einmal an ihn. Auton berichtet: „doutant (Ligny) que,
par chemins écartés ou autres moyens, le seigneur Ludovic
ne s'éloignât, et pour ce que le dire d'aucuns étoit que
pays avoit pris, voulant de lui savoir le vrai, et par
attrait le mettre entre les mains du roi, devers lui transmit le capitaine Louis d'Ars, et un autre gentilhomme
nommé Roquebertin, lui dire que, si volontiers se vouloit
rendre au roi et soumettre à la raison, que de tout son
pouvoir s'efforceroit envers le roi de faire en France si
bien traiter, que cause n'aurait de soi douloir; lequel après
avoir oui la parole desdits messagers, voyant la raisonnable
semonce, promesse acceptable, et l'appareil de son exil
imminent, à ce propos voulut entendre, et au conclure
prendre ce parti, et sous sauf-conduit, avec lesdits messagers,
se mit à la voie. Voyant les Allemands (d. h. die
Schweizer Hauptleute, die den Herzog retten wollten, s.
Zellweger a. a. O. II p. 301) qu'ainsi s'en alloit le seigneur
Ludovic, l'arrêtèrent et le mirent hors de la vue desdits
messagers." Autons Darstellung ist unzweifelhaft richtig.
Ein falsches Licht könnte sie nur werfen auf das Verhalten der schweizerischen Hauptleute: diese handelten in
bester Absicht: sie glaubten, der Herzog solle mit Gewalt
von den Franzosen weggeschleppt werden (Fuchs I 321).
Die Unterhandlungen wurden also gestört. Schattenhalb,
der die französischen Boten zu dem Herzoge geführt hatte
(Sammlung eidgenössischer Abschiede III. 2 p. 81), wollte
die Hauptleute zurückhalten, er sagte: „der Herzog ist sin
wol zufriden·" Ludovico war, wie auch J. d'Auton angiebt, entschlossen, auf die Bedingungen Lignys einzu-
gehen, bis ihn das Erscheinen seiner Hauptleute wieder
schwankend machte. [1]) Als man ihn fragte, ob er zu-

---

[1]) Sanuto III p. 220. „Scriveno il successo dil prender dil signor

frieden wäre, zuckte er mit den Achseln und sagte, er wünsche
der Eidgenossen Gefangener zu sein. Er las dabei fortwährend in einem Papier, vermutlich dem Briefe Lignys,
der die Bedingungen der Capitulation enthielt (Fuchs a.
a. O. I 331). Seiner Unentschlossenheit machen die
Hauptleute, indem sie ihn auf ein Pferd setzen und fort-
führen, ein Ende. Der Herzog indess „redty mit den
frantzosen eben als ob sy im nässvon schaffen sollten"
(Zellweger a. a. O. II, 2 p. 339).

Morone weiss von diesen Vorgängen ˈnichts (was sich
aus der Zeit erklärt, zu der er schrieb), weiss aber, dass
Moro zu der Zeit, als er sich zur Flucht anschickte, noch
mit Ligny in Unterhandlungen steht, also eigentlich ein
doppeltes Spiel spielt. Er stellt die Sache so dar: „Mane
facto ad quartum Idus Ludovicum excipiunt, medium inter
se constituunt, ut educant. Eodem tempore Ludovicus ad
Comitem Lignyaci nuntium mittit, rogat ut convocato
Gallorum Ducum consilio efficiat, quod conventa secum
rata ab omnibus habeantur, ne postea contingat ambos
falli, utrinque pati." Und fährt dann fort: „Et dum putat
inter Gallos super conditionibus suis consuli aut disceptari,
ipse medius Elvetios Novaria exit, et se ipsum ut postea
dixit solabatur quod liber esset nec aliquod ab se
ius abdicasset. Cum enim sexdecim millibus Elvetiis
stipatus esset, et breve iter conficiendum fore sciret,
tutissimum se et procul dubio evasurum arbitrabatur."
Morone erfuhr also von Leuten, die in der Umgebung
des Herzogs waren, bevor er gefangen genommen wurde,
dass L. Moro noch in letzter Stunde die Verhandlungen mit Ligny aufs neue wieder anknüpfte,
sei es, dass er in seiner planlosen Unentschlossenheit wirklich noch einen Erfolg von diesem Unter-

Lodovico, abuto da 4 citadine venuti, fuziti da Milan, la nome sarano
di soto posti. Chome, a di 9 di note, a Novara li borgognoni e alemani
andono in camera dil signor Ludovico, qual era su la cathedra. Li disseno:
Seti prexon dil re. Et lui rispose: Son contento. E promisseli compagnarlo
fino a Belinzona. Poi fono a le man e preseno ditto signor Lodovico."

nehmen erhoffte, oder, um die Thätigkeit der französischen Führer durch diese Verhandlungen zu lähmen und für sich Zeit zur Flucht zu gewinnen. Es scheint also nach Morone Moro selbst an der Gültigkeit des nur zwischen ihm und Ligny vereinbarten Vertrages gezweifelt zu haben und die Zustimmung der französischen Heerführer für nötig gehalten haben, um denselben perfekt zu machen.

Das Resultat der Unterhandlungen Lignys mit dem Herzog gelangte natürlich sofort zu den Ohren der französischen Führer (J. d'Auton I p. 193). Die Folge war die Durchsuchung des sforzischen Heeres und die Gefangennahme Moros, der sich vergebens den Schweizern im französichen Heere ergeben wollte. (Fuchs I 313).

Wir nehmen mit Morone, den die Angaben der anderen bestätigen, an, dass der Tractat von Novara zwischen Ligny und Moro abgeschlossen war. Die meisten Geschichtsschreiber, die über diese Dinge geschrieben haben, erwähnen seiner gar nicht; die über ihn etwas wissen, differieren in der Angabe der Bedingungen desselben [1]. Einem Prato z. B. sind sie vollkommen unbekannt. Morone, für den diese Verhandlungen grosses Interesse bieten mussten, und dessen Worte „quarum (der Bedingungen) tenor mihi non est plene notus" darauf hinzudeuten scheinen, dass er nach dem Inhalt des Tractats geforscht hat, kennt nur die eine Bedingung, die Gewährung des freien Geleits an Moro. Ob dieses sich so weit ausdehnte, wie Morone wissen will: „ut Ludovico libertas esset quocunque et ad quemcunque principem vellet confugiendi", oder ob mit J. d'Auton (I p. 192) nur an ein freies Geleit zu Ludwig XII zu denken ist, ist schwierig zu entscheiden. Eine bestimmte Angabe bietet (ausser Rebucco) nur

---

[1] P. Jovius hist sui temp. VII epit sagt kurz und unbestimmt: „In eo gravi metu Sfortia certa tributi pactione cum Lignino, ut se periculo eriperet, transigere conatus est, sed eius consilia Fortuna iam pridem infesta elusit. Er nimmt wohl an, dass Sforza durch Zahlung eines Tributes sich das Herzogtum habe erhalten wollen.

ein Berichterstatter über die Katastrophe von Novara, Geoffrey Charles, ein angesehener, einflussreicher (Arluni p. 8., Auton I p. 107. 368) Franzose, welcher während der Belagerung des Castells von Mailand sich unter den Eingeschlossenen befand. Er schreibt, in einem Briefe vom 15. April 1500 (Anzeiger für schweizerische Geschichte. N. F. IV S. 279 f.), der von guter Information zeugt: „Et lors dit (Moro) au bailli de Disjon qu'il se donnoit à Monseigneur de Ligny pour estre présenté au Roy, qu'il lui deust faire ce que luy avoit esté dit et traicté entre ledit Monseigneur de Ligny et luy, qu' estoyent XXVM francs de rente pour luy et ses enfans que le Roy lui devoit donner en France, et moyennant ce remettoyt *omnia jura et omnes actiones* qu'il avoit à la duché de Milan au roy." Ludovico Moro trat also hiernach sein Herzogtum an Frankreich gegen eine jährliche Pension ab und sollte seinen ferneren Wohnsitz in Frankreich nehmen, denn das bedeuten doch wohl die Worte: „le Roy lui devoit donner en France". Zwar sind dieses Moros eigene Worte und deshalb mit Vorsicht aufzunehmen, aber es liegt doch kein Grund vor an ihrer Wahrheit zu zweifeln.

Verfolgen wir das Schicksal des Tractats von Novara. Im Herbste des Jahres 1500 ging eine Botschaft des Reichsregimentes zu Nürnberg, aus dem Grafen Adolf von Nassau, dem Ritter Heinrich von Bünau und dem Dr. Lamparter bestehend, an den königlichen Hof von Frankreich. Ihre Instruktion, die von Maximilian I selbst durchgesehen wurde, ist gedruckt bei V. Kraus: Das Nürnberger Reichsregiment 191 f. Wir finden hier nichts von einem Tractat zu Novara erwähnt; auch in den langen Verhandlungen, welche die deutschen Gesandten mit den französischen Räten der Krone führten (Kraus p. 60 f), berufen sie sich bei der Erörterung der Rechtlosigkeit der Vertreibung Moros nicht auf einen Tractat oder ein Dokument, wie es die Franzosen zur Begründung ihrer Rechtsansprüche thaten. Ludwig XII nannte sich in der Urkunde, die

nach diesen Verhandlungen behufs Verlängerung des
zwischen Deutschland und Frankreich bestehenden Waffen-
stillstandes ausgefertigt wurde, Herzog von Mailand.
Noch im Dezember desselben Jahres machte Maximilian selbst, von dem Nürnberger Reichsregiment, das
die Kluft zwischen sich und dem über das Ergebnis der
Gesandtschaft höchst missmutigen König zu überbrücken
suchte, aufgefordert, das Project eines Vertrages mit dem
Könige von Frankreich. In diesem findet sich folgender
Absatz (Kraus p. 201): „Und so nun yetzo widerumb solh
furstenthumb Maylandt dem Romischen khonig und dem
heyligen reich zu proindicieren zuesteet durch die täding, so
hertzog Ludwig gemacht hat mit des khonigs von Franckhreich obristen statthalter, dem von Lini, anstat seins (d.
i. Lignys) herrn, des er (d. i. Moro) dann khain macht
gehebt hat, nachdem solh furstenthumb an mittl dem Ro.
khu. und dem heyligen reich zuesteet, wiewol er darzue
höchlich gedrungen ist gewest, so wöllen doch die stendt
des heyligen reichs in die sachen sehen und den handl mit
Mayland von wegen er und wolfart Cristenlichens gelauben,
wie dann der khonig von Franckhreich selbst auch an-
zaygt, understeen zu messigen zwischen dem Romischen
khonig, khonig von Franckhreich und hertzog Ludwigen
von Maylandt". Als Bedingung für das Zustandekommen
eines Friedens wird u. a. angeführt: „Darauf soll er (der
König von Frankreich) hertzog Ludwigen und sein prueder
den cardinal ledig lassen und dem hertzogen recompens
thuen nach laut des tractats zu Novarra, den der
khonig schuldig ist zuhalten, wiewol die seinen sagen,
das der von Lini zu derselben zeyt nit obrister statthalter
sey gewesen, so ist doch zeugnuss genug vorhanden, das
ers gewesen ist."
König Maximilian hat zu dem Concept des projectierten Vertrages eigenhändig einzelnen Punkten Bemerkungen hinzugefügt. Da heisst es u. a. (Kraus a. a. O.
205. 6): „Item darauf sol er hertzog Ludwigen und sein
prueder den cardinal ledig lassen und dem herczogen

recompens tuen nach laut des tractats zu Novar (zu will-
farung dem Romischen kunig)" und an anderer Stelle:
„nach laut des tractats zu Novarra, den er schuldig ist
zu halten, wiewol die seinen sagen, das der von Lini in
derselben zeit nit obrister hauptmann seigbesen, so ist
doch zeugknus genug vorhanden, das ers gewesen ist".[1])
Die oben angeführten Stellen in der Instruction selbst
sind also aus des. Königs eigener Niederschrift in den
Entwurf hineingekommen, wie die fast wörtliche Übereinstimmung der Instruction und der Bemerkungen Maximilians lehrt.

Aus Maximilians Bemerkungen gewinnen wir etwas
für die Kenntnis der Bedingungen des Tractates. Moro
hat in irgend einer Weise über sein Recht am Herzogtum
Mailand zu Gunsten des prätendirenden französischen
Königes verfügt. Wie, können wir nicht bestimmt sagen.
Ein „Recompens" war ihm im Vortrage zugesichert: es
war wohl, wenn wir der eigenen Aussage des Herzoges
bei Geoffrey Charles a. a. O. Glauben schenken, eine
Pension darunter verstanden. Dass er, wie Rebucco will,
das Herzogtum Mailand als Lehen von Frankreich nahm
gegen jährlichen Tribut, lässt sich aus dem Worte
„Recompens" kaum schliessen. Kraft des Vertrages von
Novara hatte auch die Freilassung Moros zu erfolgen, beziehungsweise es war ihm die Freiheit aller seiner Be-
wegungen zugesichert. Hier erhalten wir eine Bestätigung
der Angabe Morones.[2])

---

[1]) Als Maximilian im dauernden Hader mit dem Nürnberger Reichsregiment eines seiner beliebten Mittel gebrauchte, allen Ungelegenheiten
sich zu entziehen, die plötzliche Abreise (April 1501), liess er einen im
Lapidarstil abgefassten Zettel zurück, der u. a. enthielt: Der hertzog von
Mayland, als einer der gern ledig were, begert seinen tractat von Nofara.
den wurde der kunig von Franckreich annemen soferr uti supra, sich der
Romisch kunig recht mit dem reiche in die gegenwere schickhet. (Kraus
p. 223).

[2]) Geoffrey Charles' Angabe (s. S. 30) haben wir so ausgelegt, als
ob Moro nach den Abmachungen mit Ligny seinen Wohnsitz in Frankreich
hätte nehmen müssen. Dieses ist aber kaum ein Widerspruch mit Morone:
vielleicht verlor Moro, wenn er ausserhalb Frankreichs lebte, die Pension.

Maximilian wusste also von den Bestimmungen des Tractats von Novara, wahrscheinlich von den geflüchteten mailändischen Anhängern Moros, die, um ihre confiscierten Güter besorgt, den von äusseren Einflüssen stets abhängigen König umgarnten und durch die Erleichterung von Moros Loos auch ihre eigenen Vorteile zu wahren glaubten. (Le Glay: Lettres et négociations diplomatiques entre la France et l'Autriche I p. 42: „Touttefois, monseigneur, nous avons sceu depuis qu'il (Max.) a mis les matieres en conseil aves ses conseillers, entre lesquelz estoient les sieurs Constantin (lequel, ainsi qu'on dist, il envoya querir à ceste fin), Galeas et plusieurs autres Mylannois en grant nombre, qui font une merveilleuse poursuite envers luy d'empescher notre expedition . . . Vgl. Sanuto a. a. O. III p. 259 s. o. p. 23 . . . mandono alcuni capitoli di l'acordo . . . abuti da uno orator . . . . qual vien di Alemagna). Auf ihren Antrieb sind die oben erwähnten Punkte in die Instruction hineingenommen worden.

Die autographische Bemerkung Maximilians: „nach laut des Tractats zu Novara, den er schuldig ist zu halten . . . u. s. w." lässt darauf schliessen, dass Erörterungen irgend welcher Art am französischen Hofe über den Vertrag, insbesonders die Competenz des Grafen von Ligny, einen solchen abzuschliessen, stattgefunden haben. Hierauf hat Bezug eine Relation vom französischen Hofe bei M. Sanuto III p. 318 (vom 7. Mai 1500):[1] „Come domino Galeazzo Visconte, stato fin mo in Alemagna per il Moro, era venuto lì con salvo conduto dil re, qual, per saper li secreti del Moro, voleva dir molte cosse, et aver audientia dil roy. Soa majestà non li à voluto parlar, ma à rimesso il tutto al Cardinal Roam." Vgl. ebendaselbst p. 243. Amboise war damals in Oberitalien. Im Juli des Jahres erscheint G. Visconti auch wirklich auf italischem

---

[1] Es lässt sich wenigstens sonst nichts ausfindig machen, worauf diese Relation sich beziehen könnte.

Boden. Unser trefflicher Gewährsmann Sanuto berichtet
p. 515: A dì 12 vene di Franza domino Galeazzo Visconte
con cavali 12, al qual è stà resa la roba, excepto li feudi,
con termine do mexi a star a Milan; tamen la terra non
l'à visto volentieri, per esser stato francese. Der früher
treue Anhänger Sforzas machte also, die Erfolglosigkeit
seiner Bemühungen erkennend, seinen Frieden mit Ludwig XII. (Val. Anshelm II p. 302), obwohl er noch in
steter Verbindung mit Maximilian blieb (Sanuto p. 632. 665.).
Diese Unterhandlung ist, da wir weiter nichts von
ihr hören, resultatlos geblieben. Es konnte den Franzosen
auch nicht schwer werden, den Galeazzo zu widerlegen.
Denn wenn Ligny in der That auch Oberstkomman-
dierender des französischen Heeres war[1], (Morone spricht
oft in seinen Briefen aus, Trivulzio hätte nur nudum
nomen proregis gehabt[2], als welcher er bei Jean d'Auton
durchgehends auftritt (I, 15. 18. 20. 23. 26 f. 90. 142.
164 f.), nominell war es Trivulzio („vice regis"), was die
Franzosen urkundlich bezeugen konnten (Rosmini I 313
und II 267). Oder sie konnten behaupten: zur Zeit, als
Ligny den Tractat schlosss, sei nicht er Oberbefehlshaber
gewesen, sondern Charles d'Amboise, beziehungsweise
sein Adjunct La Trimouille.[3] Nach Legendre: Vie du

---

[1] Dass er es war, scheint Max. ebenfalls aus den Kreisen der mailändischen Exilierten vernommen zu haben.

[2] Vgl. Miscell. di storia Italiana II. p. 13: Attamen, quantum conicere
licet, habebit Trivultius nudum proregis nomen, cum videamus ipsas regias
vices diversimode in alios partitas esse, nam quod ad rem bellicam attinet
summa rerum comiti Lygniaci viro clarissimmis progenitoribus orto regique
gratissimo tribuetur atque illi soli centuriones, praefecti militum et arcium
ipsique milites parebunt atque ei soli in exercitum ius erit. ibd. p. 52: E
contra comes Lygniaci, cuius in re bellica auctoritas suprema est, licet
proregis nomen Joanni Jacobo Trivultio datum sit. Arluni bei Graevius
V p. 8.

[3] Vgl. Archivio storico Italiano IV. 2 p. 133. X. p. 352. Sanuto a.
a. O. III p. 176: „l'è azonto nel campo dil signor Juan Jacomo monsignor
di la Tramulia con titulo di Gubernatore." In den eidgenössischen Abschieden heisst Amboise der „Regent".

cardinal Amboise" I 144 hatte Amboise den Titel „lieutenant général, représentant la personne de sa majesté. Les lettres patentes qui lui donnoient un si beau titre, lui donnoient aussi le pouvoir de traiter avec les princes, et en recevoir les Ambassadeurs de leur en envoyer et de faire généralement dedans et dehors le Roiaume, ce que le Roy y feroit en personne. (Vgl. Amtl. Sammlung eidgen. Abschiede III, 2 p. 31). Ligny führte also nur, wie häufig die Soldatenführer seiner Zeit, Politik auf eigene Faust. In diesem Falle kam das Mitleid mit seinem Verwandten hinzu.

Frankreich hat also mit Recht den Tractat von Novara nicht anerkannt, nicht blos deswegen, weil Ligny keine Vollmacht, ihn abzuschliessen, hatte, sondern auch, weil Moro selbst ihn nicht hielt. Wir hören nichts von einem Erfolge der Mission Galeazzos, nichts davon, dass das Reichsregiment zu Nürnberg von dieser Motivierung der Vorschläge Maximilians Notiz nimmt (Vgl. Kraus). Diese Berufung auf den Tractat von Novara erscheint lediglich von dem von mailändischen Verbannten inspirierten Maximilian ausgegangen. In den Friedensschlüssen von Trient (13. Okt. 1501) und Blois (13. Dez. 1501) werden wohl Concessionen zu Gunsten des gefangenen Ludovico gemacht, aber nicht kraft des Tractats von Novara, der überhaupt nicht erwähnt wird. Im Frieden zu Trient erhält Ludovico das Recht, 5 Meilen im Umkreise seines Haftortes zu jagen, sein Bruder Ascanio die Freiheit; über die Entschädigung der mailändischen Flüchtlinge soll noch näheres bestimmt werden. Diese Bestimmungen erscheinen als Gefälligkeiten des französischen Königs oder als eine Geneigtheit desselben, mit Maximilian zu einem Abkommen zu gelangen, um die Belehnung mit Mailand möglichst schnell zu erhalten.[1]) Hatte doch Maximilian dem Cardinal von Amboise zu Trient erklärt, er könne mit Ludwig nicht

---

[1]) Vgl. Forschungen zur deutschen Geschichte XIX, 1 f.

Frieden schliessen, wenn nicht Ludovico und Ascanio in
Freiheit gesetzt würden „lesquels étoient ses alliés". (J.
d'Auton II. p. 8.) Der definitive Friede von Blois, der
eine Interpretation des Trienter Friedens genannt wurde,
beschränkte die zu Gunsten Ludovicos und der geflüchteten
Mailänder zu Trient erlassenen Bestimmungen auf ein
kleines Maass. Nirgends hören wir noch etwas von einer
Geltendmachung des Vertrages von Novara. Wir wissen,
dass Maximilian in heftigsten Zorn über die Schmälerung
der dem gefangenen Ludovico zugestandenen Rechte geriet
(Kraus: a. a. O. p. 172 f.), nicht aber, dass er noch die
Erfüllung des Tractats von Novara verlangt hat.[1]) Es
muss ihm klar geworden sein, dass dieser rechtlich nicht
bestehen konnte.

Ludovico Moro wurde also am 10. April 1500 bei der
Durchsuchung des Heeres gefangen genommen und nach
Frankreich abgeführt, wo er 10 Jahre später in der Gefangenschaft starb. Ein gleiches Schicksal ereilte seinen
Bruder, den Cardinal Ascanio, der auf die Nachricht von
der Katastrophe zu Novara nach Rom fliehen wollte, von
den ihm nachsetzenden Venetianern aber zur Ergebung
gezwungen wurde. Bald darauf wurde er an Frankreich
ausgeliefert, erhielt aber nach einiger Zeit die Freiheit
wieder. Mailand wurde von den Franzosen ohne Kampf
wieder eingenommen.

---

[1]) Vgl. Sitzungsberichte der Wiener Akademie der Wissenschaften.
Bd. 108 p. 438, 449, 453. Archiv für österreichische Geschichte 66 p. 71.

II. Die Quellen.
a. H. Morones Briefe.

Als Hauptquelle für die behandelten Ereignisse gelten die Briefe des Hieronymus Morone an seinen Freund Varadio. Sie liegen in zwei Abschriften vor: eine von dem Urenkel des Marschalls Trivulzio herrührende Copie dieser Briefe befindet sich in der ambrosianischen Bibliothek zu Mailand (Rosmini: Dell' Istoria di G. I. Trivulzio II. p. 284); eine andere, von Morone selbst stammende, in der Privat - Bibliothek des Fürsten Belgiojoso ebendaselbst (Lettere ed orazioni Latine di Girol. Morone ed. Promis e Müller in den Miscellan. di stor. Italiana II., sprefazione VI.). Gedruckt sind die Briefe nach der ersten Copie bei Rosmini a. a. O. II. p. 280 f., nach der zweiten in den Miscell. di stor. Italian. II. (22., 26. und 30. Brief). Diese Briefe sind die einzige authentische Quelle, welche ein Gesammtbild der erwähnten Ereignisse bietet: sie stammen von einem Mann, der in der Mitte der Ereignisse stehend, mit staatsmännischem Blick die ganze Lage überschaut und alle Faktoren, die für die Sache des Herzogs Ludovico von Mailand den Ausschlag geben, in Betracht zieht. Er allein giebt uns zugleich von den Vorgängen in Mailand, von dem feindseligen Verhalten der Venetianer gegen Moro, von der schwankenden, unheilvollen Politik der Schweizer und Moros selbst und der Wechselwirkung dieser Umstände insgesammt getreue Kunde. Sein Urteil über die Ereignisse und über die Personen ist dasjenige, welches auch wir nach sorgfältiger Prüfung als das richtige hinstellen zu müssen glauben. Wegen aller dieser Punkte ist es von Wesentlichkeit, diese Geschichtsquelle auf ihre historische Glaubwürdigkeit hin zu untersuchen.

Die Authenticität der Briefe ist angefochten worden
von L. von Ranke in „Zur Kritik neuerer Geschichtsschreiber" p. 145. Er sagt: „Es ist mancherlei, was sich
„gegen sie erinnern lässt, aber das Wichtigste, dass sie"
„beim Jahre 1500 stets von duodecim pagis Helvetiorum"
„reden, da in diesem Jahr doch nur 10 Orte waren",
„welche erst im Iulius und August 1501 durch die Auf-"
„nahme von Schaffhausen und Basel auf 12 vermehrt"
„wurden. Vielleicht sind sie zwar von Morone, aber"
„später geschrieben, auch dann werden sie wichtig genug"
„sein." Vorweg bemerken wir, dass das „stets" bei
Ranke eine Ungenauigkeit enthält, denn nur einmal
(Rosmini II p. 288) wird von „duodecim pagorum Elveticorum legati" (sic!) gesprochen. Die Briefe führt Ranke
in den Geschichten der romanischen und germanischen
Völker 3. Auflage 1885 wiederholt als Beleg an (p. 126,
127, 130 u. s. w.)

Wir müssen hier gleich die Worte der neuesten
Herausgeber der Briefe Morones, Promis und Müller,
welche ihrer Ausgabe die von Morones Hand herrührende
Copie zu Grunde legten, anführen. Sie sagen (Miscell. di
storia Italiana II prefaz. V): „Una quistione peraltro che
risguarda la fede che meritano le epistole di Girolamo
come fonte istorica, non possiamo passare sotto silenzio,
questione che fu anche toccata, con rapido cenno bensì,
dal celebre Ranke nel suo saggio critico sugli storici
moderni, vogliamo dire, se queste lettere fossero
scritte sotto l'immediata impressione degliav veni-
menti . . . . . o se piuttosto siano un' esposizione istorica
nella forma epistolare. p. VI. „Ora noi accenniammo qui
brevemente la nostra opinione, appoggiandola alla natura
de' dodici autroprafi, che sono il fondamento dell' edizione
nostra; chè la critica interna, il raffronto del racconto del
Morone con quello di altri testimoni, si riserba per altro
luogo. Diremo adunque, che in tutti e tre i volumi
autografi delle lettere del Morone, di cui più sotto segue
particolarreggiata indicazione, troviamo per lo più, non già

una prima minuta, ma una diligente e ripulita copia, di proprio pugno dell' autore eseguita, corretta e ricorretta, distinta in libri, di cui i singoli hanno l'intestazione: Hieronymi Moroni J. C. et equitis epistolarum liber primus, secundus, e va dicendo; da ciò veniamo argomentando, che le lettere nella forma in cui sono a noi pervenute, siano state scritte dal Morone coll' intento che debbano come memorie istoriche della vita ed epoca sua passar nelle mani di molti e fors' anche essere date alle stampe: il che non esclude che in parte, forse nella maggiore, siano anche in istile più semplice state spedite alle persone, a cui le vediamo indirizzate. Ma certamente furono di poi raccolte dall'autore e curate nello stile, disposte in ordini e ricopiate. L'ultima mano non fu per altro data dal Morone alla raccolta delle lettere sue, e prova evidente ne è il terzo volume, in cui troviamo, oltre altre lettere, a cui è assegnato il loro luogo entro un dato libro, molti fogli volanti, di cui alcuni delle vere minute, altre apertamente in quella forma in cui furono spedite, il che si scorge ancor nella nostra edizione. Così, a nostro parere, si spiegherebbero anche alcune inesattezze storiche che nelle epistole furono avvertite." [1]) Morones Autorschaft steht hiernach ausser jedem Zweifel. Unsere Untersuchung hat sich darauf zu richten, ob es Privatbriefe Morones sind, als solche in ihrer ursprünglichen Form oder überarbeitet vorliegen, oder ob sie

---

[1]) Die auf den Ausgang des Herzogs Ludovico Moro bezüglichen Briefe finden sich in dem ersten Buch der Briefe Morones (cod. No. 294 der Bibliothek des Fürsten Belgiojoso). Von diesem Buche sagen die Herausgeber: Ben ordinate sono . . . le lettere e nitidamente scritte con quel carattere espressivo ch'ebbe il Morone . . . . Con raffronto di questo codice, di cui non trovammo cenno in chi aveva fatto uso prima delle lettere del Morone, come il Verri (in seiner Storia di Milano. Anm. der Herausgeber: Pare che il Verri abbia adoperato la copia del nipote, di cui più sotto parliamo) ed il Rosmini, ci fu dato di potere in tutta la nostra publicazione appoggiarci agli autografi.

zur historischen Epistolographie gehören, das heisst, eine Geschichtsdarstellung in Briefform geben sollen.[1]) Die beiden uns erhaltenen Copieen der Briefe sind, wie sich zeigen lässt, von einander unabhängig. Die von Morone selbst zusammengestellte Sammlung seiner Briefe hat ja, wie wir von den Herausgebern wissen, nicht die letzte, bessernde Hand des Schreibers erfahren, die Copie der Briefe in derselben stimmt aber mit der anderen bei Rosmini vollständig überein. Diese, jedenfalls älter als die Copie Morones, ist wahrscheinlich ebenfalls nur eine getreue Abschrift des Originales, wie hervorzugehen scheint aus der Bemerkung des ehemaligen Besitzers, eines Enkels des Marschalls Trivulzio (Rosmini II p. 284: Se si venisse in pensiero da' successori miei di fare stampare questo primo volume, si tralascino le parole furono dette da diversi plebei in contumelia del Triulzo: cioè dum enim se concivem esse sino alle parole inclusive: Usque quo tandem Patriae hostem feremus? etc. . vgl. p. 46). Ein Beweis ferner, dass Morone seine Ausgabe nicht vollendete und beide Copieen von einander unabhängig sind, ist das Datum des 1. Briefes an Varadio (bei Rosmini). Morone giebt es irrtümlich einen Monat zu spät an (IV•nonas Martii: so in den Misc.), während Rosmini das richtige Datum

---

[1]) Zur Gattung der historischen Epistolographie gehören z. B. Luigis da Porto lettere storiche (ed. Bressan 1857. vgl. Archivio Veneto XIV p. 242 f. XXXVIII p. 97 f Ranke: Geschichten der germanischen und rom. Völker[3] p. 241) dall' anno 1509—1528, obwohl sie nicht von vorne herein als Kunstprodukte gedacht sind, wie die Vorreden zum 1. Buch p. 22: „Perciochè sapendo io con quanta fatica abbia di queste poche, ch'io ho scritte, ritrovato la verità (le quali si da vicino a me sono sempre state operate, che di tutte io vidi i luoghi, ed a tutte fui presente; oppur chi e vide nell uno e nell' altro esercito a mia istanza le notò sempre) und zum 2. Buch p 226: le dette epistole, cosi com' esse stanno, io scrisai agli amici: non negando però d'avervi poscia messo tanto di cura in raccoglierle e in giustificarle e in ridurle a quelle osservanza della lingua toscana che io le avrei potute riducere in pura storia.

enthält. In dem ursprünglichen Briefe kann ein falsches Datum nicht gestanden haben, es ist also durch ein Versehen Morones, das zu berichtigen er anscheinend keine Zeit gefunden hat, hineingekommen. Dergleichen Irrtümer finden sich im Autograph Morones öfters, vgl. Miscell. II. p. 10, 15, auch Weglassungen des Datums (a. a. O. p. 104). Rosminis Copie kann also keinenfalls von Morones Autograph abhängen; nur das Umgekehrte könnte der Fall sein, dann wäre schon Rosminis Copie eine Überarbeitung, was wenig wahrscheinlich ist, da erst Morones Autograph die Abschrift gewesen zu sein scheint, die der Schreiber der Briefe selbst für die Veröffentlichung bestimmte. Die innere Kritik der Briefe soll alle berührten Fragen zu lösen versuchen.

Hieronymus Morone, später Minister des Herzogs Franz Sforza von Mailand und als solcher der berühmte Leiter der mailändischen Politik in den Jahren 1521—26, war nach der Flucht des Herzogs Ludovico Moro 1499 „avoccato fiscale", d. i. Vertreter des königlich französischen Fiskus zu Mailand (Rosmini I p. 341). Er war von Ludwig XII. selbst ernannt worden (Miscell II p. 16 f.), ohne Collegen zu haben, was wider den Willen Trivulzios, des Statthalters von Mailand (a. a. O. p. 95 f.), geschah und die Feindschaft dieser beiden angesehenen Männer verschärfte (Rosmini I p. 349). Morone war ein Anhänger des vertriebenen Herzoges und erbitterter Gegner der guelfischen Partei in Mailand, insbesondere ihres Hauptes, des eben genannten Trivulzio, an dessen Entsetzung vom Statthalteramt er nach der Gefangennahme Moros bei Novara eifrig gearbeitet hat.

Der Name Varadios findet sich erwähnt bei Magenta: I Visconti e gli Sforza nel castello di Pavia I p. 564 Anm. 4., welche einen Brief Moros an den bekannten Castellan von Pavia, Giacomo Pusterla, enthält, dessen Inhalt sich auf die berühmte Bibliothek zu Pavia — Moro war bekanntlich ein eifriger Freund der Wissenschaften — bezieht. Dieser ist unterzeichnet: Viglevani primo Maiij 1495.

Per Varadeum. B. C. [1])

Varadio war in der Umgebung des Herzogs, in der Kanzlei desselben angestellt. [2]) Er war während Moros Wiedereroberungszuges in Rom, wo er im Juli des Jahres 1500 starb. Es war also ein Vertrauter Moros, der an den Schicksalen seines Herrn den eifrigsten Anteil nahm, an den Morone schrieb. Der Ton der Briefe verrät dieses oft. Wir gehen jetzt zu der Untersuchung des ersten Briefes über.

Schon gegen Ende des Monats Januar 1500 schwebten Gerüchte von der Ankunft Moros an der Grenze Oberitaliens. Morone sagt in dem erwähnten Briefe: „Licet varii rumores de Sfortianorum adventu essent.“ Diese Nachricht erhält ihre Bestätigung durch das Chronicon Venetum p. 136: schon am 23. Januar 1500 erfuhr man in Venedig durch Briefe aus Mailand, dass 5000 Schweizer im Solde Moros im Veltlin angekommen seien. In gleicher Weise wird alles, was der Verfasser des ersten Briefes an Varadio berichtet, anderweitig durch die besten Gewährsmänner bestätigt. Man vergleiche Morones Angaben über das Verbot des Reislaufens zu Moro seitens der Eidgenossenschaft und die amtliche Sammlung der eidgenössischen Abschiede III. 2. p. 4, Fuchs: Die mailändischen Feldzüge der Schweizer I. p. 283, Müller - Glutzblotzheim: Geschichte der schweizerischen Eidgenossenschaft V, 2. p. 166. Die Werbungen Galeazzo Viscontis zu Chur, die Darstellung des Aufstandes der mailändischen Bevölkerung auf die Nachricht von der Einnahme des Comerseees am 1. Februar, der von den Franzosen unter

---

[1]) d. i B. Chalco. Über ihn vgl. die Vorrede des Tristan Chalco zu seinen historiae patriae libri XX (bei Graevius II, 1, 2): „Sub tribus novissimis Mediolani principibus continuum ab epistolis et arcanorum magisterio locum obtinuit familiae nostrae decus et dignitatis meae auctor B. Chlalcus, vir singularis etc.“

[2]) Miscell II. p. 9 Anm. „Varadio Gir. cortigiano ed agente dello Sforza.“

Ligny verteidigt wurde, finden ihre Bestätigung in des
französischen Hofchronisten Jean d'Auton Chroniques I. p.
95 f., M. Sanutos diarii III. p. 96 f. B. Iovius Historia
Novocomensis bei Graevius IV, 2. p. 59. Trivulzios
Versuch, mit seinen Anhängern und Truppen sich in der
Stadt Mailand zu halten; seine Bemühungen, das Volk
für sich zu gewinnen; sein Abzug aus der Stadt am 2.
Februar; das Bombardement der Stadt Mailand durch
das von den Franzosen besetzte Castell;[1]) die Absperrung
der Zufuhr Trivulzios;[2]) endlich die Insulten und Metze-
leien des Pöbels werden in Übereinstimmung mit der
besten mailändischen Quelle, Prato, und zugleich mit
solcher Genauigkeit und Anschaulichkeit dargestellt, dass
es schwer fällt, an eine spätere Abfassungszeit zu glauben.
Auf einige Punkte in Morones Schilderung wollen wir
noch besonders aufmerksam machen.

Die genaue Bezeichnung der Örtlichkeit (Rosmini II.
p. 281: „se in curia magna munit, dehinc totum praesidium hoc ducit, et in area Ecclesiae maioris, quae e regione Curiae patet armatus saeptusque consistit[3]) p. 282 . .
Quare Trivultius hodie in ortu solis collectis omnibus suis

---

[1]) J. d'Auton I. p. 97: „Sur l'heure du midi étoit quand le tumulte
commença, et dura jusques grosses pierres d'artillerie leur furent trans-
mises du château, ce que firent le seigneur de l'Espy et messire Codebecarre".
M. Sanuto III. p 99 „. . . . che lui senti trar bombarde . . . ." Prato
p. 241: ogni dì li Francesi di Castello scorreano fora, questo e quello occi-
dendo et prendendo; et l'artigliaria loro solecitava intrare per la città.
Morone erwähnt bezeichnenderweise dieses nicht besonders, aber in seinen
Worten: Tota autem nocte clamoribus, armorum fragore, machinarum
crepitibus, campanarumque horrendis sonis impleri miscerique omnia
dixisses etc. ist es mitenthalten: er, der noch unter dem gewaltigen Ein-
druck der Umwälzung der Verhältnisse steht, der mitten in den Ereignissen
an seinen Freund schreibt, berichtet nicht das einzelne Faktum, sondern
giebt ein Gesamtbild der Revolutionsscenerie!

[2]) Vgl. Prato p 239: essendogli la victuaglia inibita transcorreano i
suoi soldati etc.

[3]) Vgl. M. Sanuto III. p. 96: „E come missier Zuan Jacomo era
reduto in corte vechia . . . p. 98 . . . El qual missier Zuan Jacomo ussite
con le gente in hordine di corte vechia, e su la piaza dil domo poneva in

in arcem se recepit, copias tum in Viridario, tum in area
arcis collocavit") lässt auf einen gleichzeitigen Schreiber
schliessen und auf einen Adressaten, der mit der Örtlichkeit genau betraut war, ja gewissermassen durch diese
Ortsnamen interessiert war. Letzteres passt nur auf den
noch lebenden Varadio.

Prato erzählt in seiner cronaca p. 239: „esso Trivulzio,
essendoli dal Castellano Scocese negato l'intrare nel
castello, il giorno seguente se ritirò nel giardino di esso
Castello". Diese Nachricht findet sich bei keinem anderen
Autor. Dieser Umstand wäre gleichgültig, wenn nicht
Morone (p. 282. s. die oben angeführte Stelle) erzählte,
Trivulzio habe sich in das Castell zurückgezogen. Bestätigt wird Morone durch J. d'Auton, einen sehr zuver-
lässigen Gewährsmann, der wahrscheinlich aus authentischen Quellen, Berichten aus Mailand selbst, schöpfte:
(Chroniques I. p. 98): „Am Abend des 1. Februar François
eux et leur artillerie se retirèrent au château . . . p. 101
„La nuit (vom 1/2. Februar) le seigneur Jean - Jacques
étant dedans le château de Milan . . . transmit au comte
de Ligny." p. 106. „Le troisième jour de février sur les
cinq heures du matin, sortirent de la place (d. i. das
Kastell von Mailand) le comte de Ligny, le seigneur
Jean-Jacques . . . Wir können also getrost dem Verfasser
der Briefe als einem Augenzeugen Glauben schenken,
mehr als Prato, wenn auch der mailändische Geschichtsschreiber im allgemeinen gute Quellen benutzt hat. Wahrscheinlich sind die Berichte Morones und Pratos in der
Weise zu vereinigen, dass nur Trivulzio Einlass in das
Kastell fand, seine Truppen aber vor dem Kastell (unter
dem Schutze desselben) — das Kastell hatte für sie keinen
Raum — standen.

hordine le zente". J. d'Auton I. p. 96 . . . „un gentilhomme nommé
Courainge . . . tout le long de la grand' rue et le travers de la place du
Dôme, qui toutes pleines étoient de Lombards en armes, passa . . . . . fut
jusques devant la porte de la maison-de-ville; et au dedans étoit le seigneur
Jean-Jacques etc."

Sowohl Prato (p. 238)[1]) als Grumello und der Augenzeuge Arluni melden, das Trivulzio während des Aufstandes in den Strassen Mailands in Gefahr um Freiheit
und Leben gewesen und dass ihn nur mit Mühe Bern.
Visconti, der ihn mit seinem Leibe gedeckt, gerettet und
sicher aus der Stadt gebracht habe. Morone erwähnt
hiervon nichts, obwohl er sich mit besonderer, ironisch
gefärbter Vorliebe — man sehe den Schluss des ersten
Briefes — mit der Person Trivulzios beschäftigt und die
precäre Lage des gewaltthätigen[2]) Statthalters einerseits
und der Edelmut eines Mailänders andererseits ihn sehr
wahrscheinlich darauf geführt haben müsste, hierüber an
seinen Freund zu schreiben. Man muss eben annehmen,
dass er, der mitten unter den Ereignissen schrieb, von
diesem Vorfall noch nichts gewusst hat. Wir gewinnen
hieraus ein Argument mehr für die Gleichzeitigkeit des
Briefes.

Die Art und Weise, wie Morone die eiligen Vor-
kehrungen des Marschalls Trivulzio bei der Nachricht vom
Anrücken der Sforzas beschreibt, zeigt, dass er noch unter
dem Einflusse der augenblicklichen Ereignisse, der Partei-
leidenschaft steht. Denn Ironie und Erregung spricht aus
der Darstellung des Verhaltens Trivulzios: „Timor eum
(sc. Trivultium) et suos invasit (was eine handgreifliche
Übertreibung ist) .. moxque cohortes omnes ... dehinc
affines, amicos, clientesque omnes armatos ad se properare
iubet, se ... munit .. praesidium educit .... consistit,
populum seorsum trahit, concionatur, hortatur .....
pollicetur ... predicat .. pollicetur, addit etiam
minas, ac docet .... Trivultius mandat ... demonstrat
... pollicetur.“ In noch höherem Grade gilt dieses

---

[1]) „Nè più per il grande tumulto potè dire; maxime per il Conte
Antonio de la Somaglia, e quale senza fallo li mettea le arme adosso, se
monsignor Francesco Bernardius Visconte non fosse stato mediatore.“ Dasselbe berichten Grumello a. a. O. p. 40 und Arluni bei Graevius V, 4 p. 9.

[2]) Die Hinrichtung Cagnolas! Diesen Abschnitt des 1. Briefes trägt
Rosmini II p 336 nach.

von dem letzten Absatz des Briefes, in dem Morone uns
die Witz- und Hohnworte des Pöbels, die er dem Trivulzio
auf seine Ermahnungen entgegenschleuderte, wiedergiebt.
Dieser Abschnitt schliesst eine spätere Abfassung des
Briefes beinahe aus. Denn warum hat der spätere
(Geschichts-) Schreiber nicht diesen Nachtrag, der nur
sehr unwesentliches Detail enthält — mit den Worten
„nobis est serviendum" ist die Schilderung im 1. Briefe
abgeschlossen — in seine Darstellung verwebt? In dem
Briefe, wie er uns vorliegt, hinkt dieser Abschnitt nach.
Dass ein so gebildeter Mann, wie Morone, an den Aus-
brüchen der Laune des Pöbels sein Behagen hatte — man
darf sich durch das Pathos seiner Worte nicht blenden
lassen [1] —, erklärt sich aus der Parteistellung Morones.
Die momentane Erregtheit, die dem Schreiber die Feder
führte, kommt leidenschaftlich zum Ausbruch im Schlusse
des 1. Briefes: „Utinam sicuti linguam tunc saepe acriterque
provocatam et lacessitam potuit cohercere, ita se a domo
Cagnolae continuisset, quoniam in omni eventu Civitas ab
omni rebellionis labe munda et ab omni animadversione
tuta foret." Ebenso unwahrscheinlich als die spätere
Abfassung ist es anzunehmen, der letzte Abschnitt sei
durch Überarbeitung des Briefes hinzugekommen.

Wir können diese Aufzeichnungen um so unbedenk-
licher als gleichzeitig hinnehmen (wie es Ranke in seiner
Darstellung thut), als Morone Trivulzios Rede an das
Volk nicht direkt wiedergiebt, sondern nur summarisch.
Aber das, was er den Trivulzio sprechen lässt, hat mehr
innere Wahrheit als die langathmige Rede Trivulzios, die
Prato [2]), der zu moralisieren liebt und diese Eigenschaft

---

[1]) „Quaedam non omittam quae Trivultio concionante . . . . convitii
causa dicta fuere, ut hoc etiam exemplo intelligas, uti caetera omnia, ita
mortalium auctoritatem amissa potestate amitti, et a fortunae variatione
pendere."

[2]) „Veramente io conosco, o Milanesi, esser cosi per certo, che niuno
nella patria sua è acceptato (dieser Gemeinplatz aus der Bibel stammt
wohl von Prato selbst, der häufig aus der heiligen Schrift citiert); la qual

auf die Helden seines Geschichtswerks überträgt, den
Marschall halten lässt. Indess für einiges bei Morone
bietet auch die Rede bei Prato, die jedenfalls nicht völlig
fingiert ist, einen Beleg, z. B. für das „hortatur omnes,
ut in fide regia persistant" und „addit etiam minas", wo-
mit man vergleiche Grumello a. a. O. p. 40: „Et essendo
il Trivulzio su la piaza voltandosi al populo Mediolanense
disse: Vi dicho, di questo haveti facto, ve ne pentireti.
In M. Sanutos drittem Bande der Diarii p. 153 lesen wir:
„Di Milam" . . . „Et missier Zuan Jacomo Triulzi à mandà
a Milan, nomine regis, a perdonar a tutti la rebelion
fata." Dieses Versprechen giebt Trivulzio natürlich auf
eigene Faust; in seinem überaus hohen Selbstgefühl giebt
er seine Handlungen als die des Königs von Frankreich
aus (vgl. Miscell. di stor. Italian. II. p. 8: „Trivultius qui
se proregem dicit . . ."). Zu dieser hohen Selbstschätzung
des Marschalls stimmen sehr gut seine Worte bei Morone
(p. 282): se autem, qui regias vices gerat. . nihil
tamen hostile in Gebellinos commissurm pollicetur. . Quodsi
arma retineant, se in malam partem recipere, atque eos
uti rebelles regios habiturum comminatur.

Wir finden im Briefe nichts, was uns Zweifel an
seiner Authentie erregte.

Der zweite Brief ist datiert aus Mailand octavo Ka-
lendas Aprilis 1500, also mehr als anderthalb Monate nach

cosa così a me intraviene, che non temendo voi de violare il sacramento
di fedeltà facto nelle mani del Serenissimo re Ludovico, l'avete rifutato,
volendo ricevere Ludovico Sforza, el quale mentre regnò in stato, non fu
mai sacio de torvi danari (es wäre sehr thöricht von Trivulzio gewesen,
dieses zu erwähnen, da ihm selbst ein ähnlicher Vorwurf von den Mailändern gemacht wurde. Viel wahrscheinlicher lautet es bei Morone: im
munitates plurimas nomine regis pollicetur); et adesso che ricco se ne
era partito et povero ne ritorna, pensate como che farà! O poveri Milanesi,
quale demencia vi ha a ciò inducti? salvo se la troppo bontà del re di
Franza non ve ha fatto morbidi. Ahime, quanto me ha inganato la mia
opinione! Non che io voglia però dire che tutti siate colpevoli di questa
nefaria rebellione, ma como guidato et corrotti da altri, incorreti in questi
falli . . . . .

dem ersten geschrieben. Den Grund der längeren Unterbrechung giebt der Verfasser selbst an: „Pulso ex urbe Joanne Jacobo Trivultio cum exercitu Gallorum nullas ad te litteras dedi, quod nec ego in urbe diutius moratus sum, quoniam Ludovicus Sfortia Cardinalisque Ascanius in me succensere visi sunt, quod Legationis munus istuc ad Alexandrum Pontificem, dehinc Neapolim ad Fredericum recusaveram, et propterea non tantum ab ipsis quantum a factiosis partium Sfortianarum mihi timebam, transtulique me in Tertonenses montes, et in arce satis munita Joannis Marci de la Cruce Sororii mei me continui, donec Jacobi Antiquarii opera Sfortiani acquieverunt ne fidem meam contaminarem quodque potius privatus Mediolani inter suos degem quam quod quasi fugitivus inter hostes annumerer. Veni igitur cum non mediocri decurionum Civitatis exspectatione.[1]“ Morone war also von Anfang des Februar bis zum 22. März von Mailand abwesend. Sein Bericht beruht demnach auf Erzählungen von Augenzeugen. Aber seine Nachrichten sind so genau und allseitig, wie wir sie bei keinem gleichzeitigen Geschichtsschreiber finden. Gehen wir die einzelnen durch.

Am 3. Februar zogen die Fanzosen unter Trivulzio und Ligny aus dem Castell von Mailand ab. Die spätere Tradition hat die Namen der französischen Oberanführer vielfach verwirrt. Als Ludwig XII 1499 seinen Zug gegen Mailand antrat, ernannte er zu Oberbefehlshabern des französischen Heeres Trivulzio, Ligny und Aubigny. Diese waren es auch noch im Anfang des Jahres 1500. Nun werden die Namen derselben in der verschiedenartigsten Weise von den späteren Quellen verwechselt, so dass Morone, wenn er seine Briefe später geschrieben hätte, leicht hätte irren können. A. Ferron (rer, Gallicarum l. III) z. B. sagt, Trivulzio und Aubigny seien die mit einander rivalisierenden Oberanführer, Ligny nur der Mittelsmann zwischen beiden gewesen. Ebenso führen der Panegyricus

---

[1] Vgl. Miscell. II p. 57 f. 74 f.

des cavalier sans reproche (la Trimouille) von J. Bouchet (Collection complète XIV p. 434 f.) und Legendre (Vie du cardinal d'Amboise I p. 143 f.) Aubigny und Trivulzio als Führer, den Namen Lignys überhaupt nicht an. Der Verfasser der Briefe erwähnt Aubigny überhaupt nicht und mit Recht, denn Aubigny, obwohl nominell Oberbefehlshaber, kam während des ganzen Feldzuges nicht zur Thätigkeit, weil er schon seit geraumer Zeit krank war. S. J. d'Auton chroniques I p. 10: Le sire d'Aubigny, qui l'un des chefs de l'armée étoit (1499 bei der ersten Eroberung Mailands) entre les mains des medecins fut contraint de demeurer. Er erscheint seit dieser Zeit bis zur Gefangennahme Moros fast garnicht auf dem Schauplatz.

Doch dieses Argument ist von geringem Werte. Wichtiger ist, dass die Schilderung des Abzuges der Franzosen durchweg übereinstimmt mit der Darstellung Autons, der jedenfalls authentische Quellen wiedergiebt. Auton a. a. O. I p. 107 erzählt von dem Abmarsche der Franzosen aus dem Castell von Mailand: „Aussi n'était pour l'heure le desroi de saison, ne l'écart profitable; car la nuit de devant les gens du pays avoient fait tranchées et fossés par les chemins et sentiers, abattu ponts et planches, grands arbres entraversé en la voie, et sur les passages fait tant d'autres empêchements que moult fut difficile la passée" .. und p. 108: „Toutefois les Lombards y eurent si peu d'avantage que leurs villes furent prises et aucunes d'icelles données au feu .." Morone berichtet in knapperer Form ganz dasselbe: Igitur supra Mazentam facile omnes incolumes vado transierunt occisis pluribus rusticis et villis incensis, quod arboribus succisis plaustrisque et aliis impedimentis oppositis iter eis interpolare conabantur. Die Bekanntschaft des Adressaten mit der Örtlichkeit tritt in diesem Briefe, wie in dem vorigen, hervor, vgl.: noluerunt Papiensium fidem experiri ... ubi transitus sublicio, ut scis, ponte securior erat. Wäre der Brief ein späteres Elaborat und für ein grösseres Publikum bestimmt gewesen, so wären dergleichen Bemerkungen wohl unterblieben.

Es folgt in dem Briefe der Marsch des französischen Heeres nach Vigevano und Mortara (vgl. Prato, Auton u. a.), die Besetzung Novaras durch die Franzosen, das Heranziehen ihrer Hülfstruppen. Morone sagt: „ sociumque sibi addunt Nicolaum Trivultium Centurionem Joannis Jacobi filium quem Musochi Comitem appellant." Diesen weitläufigen Zusatz „Joannis Jacobi filium etc. . hätte Morone, wenn er später geschrieben, sich sicherlich erspart, da der Graf von Misocco, ein würdiger Sohn seines heldenhaften Vaters, bald bekannt genug wurde. Zu dieser Zeit aber — Misocco war damals ungefähr 20 Jahre alt — war er auch einem Varadio noch unbekannt.

Am 5. Februar zog Moro in Mailand ein, um schon des Tages darauf nach Pavia zu eilen und Truppen zu werben. Morone fährt dann fort: Mille Burgundos catafractos qui eum sequebantur, et quosdam Germanos sollicitat, ut sibi quam primum fieri possit, coniungantur. Hierzu vergleiche man Sanuto III p. 135 (die Venetianer erhalten am 25. Februar folgende Nachricht aus Mailand): „Todeschi si dice vien in ajuto di esso signor Lodovico videlicet el ducha di Bavaria; et il re di romani fa una dieta et vien cavalli borgognoni" und ebend. p. 141 und Chron. Venet. p. 141 (aus derselben Zeit: „Risònava che di Lamagna avea condotto e menato gente infinite, cioè Duchi Conti e Marchesi, e che il Rè de Romani si dovea muovere in suo favore". Über die Ankunft der Bundesgenossen Moros vgl. Morone: Potitus igitur Viglevani Novariam contendit et obsidet. Superveniunt interim Burgundi Germanique equites, nec non machinae quas Thomas frater (des Morone) magna diligentia vehi fecit (Sanuto p. 163: „al signor Lodovico sono arrivate certe artilarie grosse di Alemagna"). Auton a. a. O. p. 182: „Durant ce (während der Belagerung Novaras), vinrent au secours du seigneur Ludovic quatre cents hommes d'armes bourguignons, que conduisoient . . . . . avec plus de X mille Allemands et lansquenets."

Bemerkenswert ist die Genauigkeit in der Darstellung
der Einnahme Vigevanos, über die wir ein authentisches
Dokument in dem schon erwähnten[1]) Briefe Moros bei
Magenta a. a. O. II p. 483 besitzen. Beide Darstellungen
decken sich: Vigevano weigert erst die Übergabe; dann,
nachdem der Kampf schon ernstlich entbrannt, erlangt
es noch den Loskauf von der Plünderung. Dass die Stadt
diese Capitulation erhielt, motiviert Morone treffend so:
„Ludovicus quod suapte natura[2]) illi oppido afficiebatur
illudque in deliciis, ut scis, diutius habuerat et pecuniam
magno sibi usui futuram non ignorabat." Schrieb Morone
als Historiker, so hätte er die zuerst angeführten Gründe
commentieren müssen, denn dem Leser sind sie unver-
ständlich. In dem Privatbriefe an Varadio war dieses
unnötig, denn dieser wusste, dass Vigevano des Herzogs
Geburtsstadt war (Magenta I 537 f.) und kannte seine
Vergangenheit. Der letzte Grund („et pecuniam magno .. ")
war wohl der hauptsächlichste, denn Moro hatte schon
damals kein Geld mehr, seine Truppen zu bezahlen.
Vgl. Sanuto a. a. O. p. 110 .. Si iudica habi (Moro)
mancamento di danari, perchè quelle zente che havia son
partite. Ebend. III. p. 130. 135. 156. Chronic. Venet. p.
139. Mit diesen Quellen stimmt Morone überein, der sich
bezeichnenderweise vorsichtig ausdrückt: „Mediolanenses ..
vix Ascanii desiderio Ludovicique indigentiae satis faciunt."

Ludovico hatte also ursprünglich die Stadt Vigevano
seinen murrenden Schweizern zur Plünderung überlassen
wollen, wie Morones Brief beweist: Ipse (der Herzog) ne
milites maxime Elvetii aut torpescant aut de aliquo faci-
nore per otium cogitent, Viglevanum ducit, quod Trivultii
nomine hand magnó presidio tenebatur, et quod oppidani
quarumdam horarum spatio deditionem protulerunt, peten-
tibus Elvetiis concedit (neque enim fas putabat quicquam eis

---

[1])'s. S. 5. Anm. 4.
[2]) Vgl. Moros Brief a. a. O. . . . fossimo contenti de torli et havere
più rispetto alla natura nostra che al presente demerito loro.

denegare) ut Viglevanum diripere et depopulari liceat.
Die Stadt wird angegriffen und kauft sich los: expugnatio-
nem interpolat (Moro), et ne milites praedae spe
fraudati subirascerent, singulos Forenos Rhenenses
singulis militibus per oppidanos dari iubet.“ Dieses
letztere Faktum ist unzweifelhaft richtig, aber die Motivierung ist falsch und ein Kriterium für die Authenticität
des Briefes. Die erwähnte Summe war, was damals
Morone noch nicht wusste, nicht eine Beuteentschädigung,
sondern der Sold der Truppen, den ihnen Moro schuldete.
Bei M. Sanuto a. a. O. p. 93 lesen wir (Relation aus
Mailand vom 30. Januar ... E poi il signor Lodovico a
le zente à dato mezo fiorin per uno fin in campo; poi
disse di darli il resto, zoè do page. Auch Prato p. 243
bestätigt diese Ansicht: Et perchè al Principe era facto
lamento da Todeschi per non averli concessa Vigevano a
sacco, come volea il debito del soldo, pensò di placarli
et Novara in preda li promisse. Wenn Morone später
als Historiker nach den besten mailändischen Berichten
(wie Prato) schrieb, hätte er erzählen müssen, dass die
Stadt Vigevano für den Herzog den Sold an die Truppen
bezahlt und sich dadurch vor der Plünderung gerettet habe.
Die übrigen Mitteilungen des Briefes werden durch
zeitgenössische Berichte M. Sanuto, das sog. Chronic.
Venet., die Schweizer Abschiede, Auton beglaubigt. Man
vergleiche u. a. Rosmini II, 286: At nuper constitit rem
longe aliter se habere, quod exercitum Venetum nuper
Laude Placentiamque Gallorum nomine recuperasse, nuncque
in ripis Abduae pontem transitumque e regione Cassani
parare cum magna omnium trepidatione allatum est und
Sanuto p. 147 (Nachricht aus Treviglio vom 11. März)..
Et poi il governador ussite con lui provedador e certi
homeni d'arme, e si messeno su certa predaria, per mezzo
Cassano dentro del qual è cavali 60 lizieri e fanti 200.
Si nostri menono via alcuni capi di bestiame, e alguni
presoni, sì che fino a hora nostri non fono alcuno movi-
mento, per non haver ordine, li basta l'animo far una

bella ponta, fin su le porte di Milano . . . Ebend. p. 149.
155; Rosmini II p. 287: „Demum mavimum ad timorem
incrementum certa fama de Tremolianensis Ducis cum
quingentis catafractis adventu, quos propediem in Mortario
cum caeteris coniunctos iri affirmant“ und Sanuto p. 156
(Nachricht vom 18. März) . . e monsignor di Tramulia
era zonto in Aste con lanze 250; e fra tre dì, saria unito
con lui; e altre lanze 250 li erano a le spalle, e per tuta
la setimana passata sariano uniti con lui.“ [1]) Über die
Nachrichten Galeazzo Viscontis aus der Schweiz wird
unten im Zusammenhange gehandelt werden.

Beachtenswert und für den Standpunkt des Ver-
fassers bezeichnend ist, was er über Ascanios Treiben in
Mailand sagt: „Ascanius interea Mediolani residens blan-
ditiis illecebrisque suis pecunias a Mediolanensibus emungit
atque omnia in Elveticorum stipendia (vastam profecto
voraginem) effundit . . .“ In Wirklichkeit raubte Ascanio,
wie wir aus Sanuto a. a O. p. 154. 166. 187, Geoffrey
Charles’ Brief a. a. O. p. 280 und Prato bestimmt wissen,
alle Kirchen Mailands aus und erpresste Geld von den
Bürgern, die, weil sie nicht mehr zahlen wollten und die
ghibellinische Partei ihre Gegner hart bedrängte (Sanuto
p. 160), in heftigerer Opposition gegen die Brüder Sforza
sich befanden (Chron. Venet. p. 148), als der Autor unseres
Briefes vermuten lässt, und schon zum Teil die Stadt
verliessen. Die immerhin wohlwollende Fassung, in der
Morone dieses darstellt, lässt auf die Notwendigkeit,
noch gewisse Rücksichten — aus Furcht oder Anhäng-
lichkeit — zu nehmen, schliessen.

Die Aussichten für L. Moro sind nach dem Schreiber
sehr trübe: „Ita quod nisi celeritas Sfortianos sublevet
rem eorum quasi desperatam esse augurantur omnes ii
qui harum rerum usu prudentes habentur.“

---

[1]) J. d’Anton I p. 155: „Bien étoit averti (Moro) par ses espies
(während der Belagerung von Novara) que le sire de la Trémoille avec
grande puissance étoit sur les champs et qu’il approchoit à toute diligence
pour les Français secourir.

Er hält einen günstigen Ausgang der sforzischen
Sache nur im Falle des Eintreffens glücklicher Umstände
für möglich. Das gut unterrichtete Leute schon damals,
obwohl das Heer Ludovicos an Zahl stärker als das feind-
liche war[1]) trotz der infolge mangelnder Löhnung ein-
reissenden Desertionen[2]) einen unglücklichen Ausgang vor
Augen sahen, lernen wir aus den gleichzeitigen Relationen bei Sanuto p. 155... A dì 22 marzo..." Item,
par milanesi mandano 4 oratori al re di romani, et le
cosse vanno mal per il signor Lodovico. Dasselbe aus
denselben Tagen lesen wir im Chron. Ven. p. 147 (vom
18. März): Sicchè si giudicava che egli (Moro) non potesse
star contra l'impeto Francese, und bei Sanuto p. 158:
„Item" dito podestà (vòn Crema) scrive, esser venuto una
sua spia da Milam, qual referisse esser stato con molti
zentilhomeni milanesi, e con quelli parlato, che erano
strachi e stavano di mala voia, pensando quello doveano
esser di l'horo... per dubito haveano sbarato molte con-
trate. p. 161... E in Milano, a presso li homeni da
bene, le cose dil signor Lodovico se tieneno per spazate..

Diese trübe Stimmung hat Morone den Schluss seines
Briefes in die Feder diktiert. Hätte er später geschrieben,
so hätte er sehr wahrscheinlich nicht mit diesen düsteren
Gedanken seinen Brief geschlossen, denn er musste bei
der Genauigkeit, mit der unser Briefschreiber über alle
Vorgänge orientiert ist, in seinem Briefe, der vom 25. März
datiert ist, die Einnahme Novaras am 22. anführen, weil
er in der Überlieferung finden musste, dass an dem Tage,
an welchem er angeblich schrieb, am 25. und ebenso
schon am vorhergehenden Tage ganz Mailand von Jubel
über die Einnahme von Novara erfüllt war, wie überein-

---

[1]) Morone sagt: constatque in praesentia eum magnum ac potentem
instructumque exercitum habere.

[2]) Mehrere Schweizer in Moros Diersten kehrten auf Befehl ihrer
Oberen in die Heimat zurück (s. Amtliche Sammlung eidgen. Abschiede
III., 2. S. 14').

stimmend Prato, Sanuto und das Chronicon Venetum[1])
berichten. Wenn Morone später schrieb, so lässt sich die
Datierung des Briefes überhaupt gar nicht erklären.
Bei dem gleichzeitigen Briefschreiber ist eine Erklärung
möglich, wenn dieselbe auch nicht überzeugend erscheint.
Morone schrieb den Brief wahrscheinlich unmittelbar nach
seiner Rückkehr nach Mailand am 22. März, als die Einnahme Novaras noch unbekannt war (sie fand in der
Nacht des 22. März statt) und schickte ihn erst am 25.,
ohne Neuigkeiten aufzunehmen, an Varadio. Daher dieses
Datum.

Der dritte, wichtigste Brief ist aus Mailand vom 30.
April 1500 datiert, also erst 20 Tage nach der Katastrophe
von Novara geschrieben. Dass er erst verhältnismässig
spät seinem dem Freunde gegebenen Versprechen nach-
kommt, entschuldigt Morone mit der grossen Last der
Verpflichtungen gegen seine Mitbürger: er ist nämlich
ihr Anwalt „gegen des J. J. Trivulzio und seiner Anhänger Willkühr, Habgier und Wildheit." Erst jetzt
kann er den sehnlichen Wunsch des Freundes erfüllen:
nunc rebus pacatis et compositis quodcunque scriptione
dignum erit, te minime latere patiar. Was unter den
rebus pacatis et compositis zu verstehen sei, lehrt ein
Brief Morones an Georg von Amboise (bei Rosmini II.
285) vom 1. Mai, in welchem er dem Cardinal mitteilt,
dass die gesamte Bürgerschaft Mailands sich zu einer
Bittschrift an Ludwig XII., in welcher der Wunsch nach
der Entfernung Trivulzios vom Statthalteramt ausgesprochen war, vereinigt habe.
Der Schreiber des Briefes berichtet sodann die Einnahme Novaras durch Capitulation — die französische

---

[1]) Sanuto Diarii III. p. 164. „Da Crema, dil podestà di 24, hore
di note." Como per uno messo, venuto da Milam, ha de li si diceva,
Novara era persa, e haveano sonate campane di alegreza; ma la nova
non era creduta (in Mailand doch wohl?) per esser venuto . . . Vielleicht
giebt diese Angabe einen Fingerzeig für das Datum bei Morone. Vgl.
Prato a. a. O. p. 245. Chron. Ven. 148 C.

Besatzung durfte bekanntlich mit Gepäck abziehen —,
die eine herbe Kritik und verdienten Tadel erfährt, ebenso
wie in dem Briefe vom 29. März an Jacob Antiquarius
(Miscell. II. p. 50). Zu beachten ist hier, dass Morone
nicht, wie Prato, die Erbitterung der Söldner Moros über
diese Capitulation, welche sie dem Herzoge verfeindete
und dem Marschall Trivulzio eine Handhabe gab, sie zum
Abfall vom Herzoge zu hetzen, meldet, auch nichts davon
erzählt, dass die Capitulation der Besatzung auf einen
geheimen Befehl Trivulzios erfolgte (s. o. S. 6). L. Moro
hatte nämlich seinen Söldnern als Ersatz für die gehin-
derte Plünderung von Vigevano (Prato p. 243) die von
Novara versprochen, Trivulzio hiervon Kenntnis erhalten
und der Besatzung heimlich den Befehl zugesandt, mit
Moro ein Abkommen zu treffen. Der Befehl wurde in
der erwähnten Weise ausgeführt; die Bürgerschaft kaufte
sich gegen eine Zahlung von 60000 Dukaten (M. Sanuto
a. a. O. p. 162) los. Dieser Vorfall erbitterte die Soldaten
gegen den Herzog, welche Stimmung sich Trivulzio, als
er vor Novara ihnen gegenüberlag, zu Nutzen machte
(Prato p. 245 und Rebucco s. o. S. 11). Morone weiss
von diesem Zusammenhange nichts; er berichtet aber —
freilich bezeichnenderweise nur als Gerücht! — dass die
Söldner schon über das Verhalten Moros zu seiner Vaterstadt gemurrt haben: illi maiora sibi ex direptione polliciti
Ludovici clementiam et iudicium egre tulisse feruntur.[1]
Morones Darstellung erklärt sich am besten, wenn wir
annehmen, dass ihm, als er 20 Tage nach der Gefangennahme des Herzogs schrieb, diese Vorfälle noch unbekannt waren.

Wir kommen nunmehr zu der Stelle, wegen welcher
hauptsächlich Ranke den Briefen die Authenticität ab-
sprechen zu müssen meinte. Es heisst dort: (Nach der
Einnahme von Novara) Unica spes supererat, quod ex Gallea-
tio Vicecomite apud Elvetios legato acceperat gentem il-
lam decrevisse, quod inter eum et Gallos indutiae fierent,

---

[1] Im zweiten Briefe.

dum duodecim pagorum Elveticorum legati
in castra venissent, et aut concordia aut arbitrio bellum
diremissent et ob id militibus omnibus Elvetiis qui con-
traria invicem signa sequebantur, mandasse ut utrinque a
certamine usque ad legatorum adventum abstinerent . .
Billigten wir Rankes Meinung, der Verfasser des Briefes
spräche hier von den Abgesandten der 12 Schweizercantone", so könnten wir nicht umhin, die Briefe für später geschrieben zu erklären. Doch es hindert uns nichts, „duodecim
pagorum Elvetiorum legati" als die „12 Abgesandten der
Schweizercantone" zu fassen (abgesehen davon, dass die Zahl,
zu den Kantonen hinzugesetzt, ein müssiger Zusatz ist). Rosmini wenigstens, der uns in dem ersten Bande seiner Biogrphie
des Marschalls Trivulzio p. 354 f. einen Auszug der Briefe
liefert, giebt die erwähnte Stelle so wieder: „A rassicu-
rarlo . . . molto avea contribuito una lettera di Galeazzo
Visconti suo ambassadore presso gli Svizzeri nella quale
gli scrivea che la Dieta Elvetica avea decretato che tra i
due eserciti francese e sforzesco fosse sospensione d'armi
insino a che dodici deputati dei Cantoni fossero
venuti al campo . . ." Sehen wir zu, ob sich diese Auf-
fassung der Worte rechtfertigen lässt.

Wenn wir annehmen, dass hier kein Irrtum vorliege,
sondern die Briefe zu einer Zeit verfasst oder überarbeitet
seien, wo die Eidgenossenschaft schon 12 Kantone um-
fasste, so steht dem entgegen, dass Morono auf das treff-
lichste aus der Zeit heraus zu schreiben versteht, so treff-
lich, dass ein derartiger grober Irrtum unmöglich erscheint.
Aber noch besonders vorzüglich ist Morone über die Vorgänge in der Schweiz unterrichtet. Natürlich, denn er
wusste wohl, dass der Verlust der schweizerischen Sympathieen L. Sforzas Schicksal besiegelte. Einen Morone
und Varadio mussten die Beschlüsse der schweizerischen
Tagsatzungen und ihre Ausführung auf das höchste inte-
ressieren. Gute Mitteilungen hierüber aber konnte er sowohl von anderer Seite haben als von seinem älteren
Bruder Thomas (Miscell. II p. 44), der eine Vertrauens-

stellung bei dem Herzog einnahm. Entweder schrieb er also auf Grund dieser Mitteilungen seinen authentischen Bericht oder schrieb später und hatte dann — das müssen wir bei der Genauigkeit, mit der er erzählt, annehmen —; Viscontis Relationen oder ausführliche Protocolle der schweizerischen Tagsatzungen vor sich. Im letzteren Falle erregt ein solch grobes Versehen fast noch mehr Bedenken als im ersteren. Morones Angaben über Vorgänge in der Schweiz im ersten Brief haben wir oben S. 42 durch andere Quellen vollauf bestätigt gefunden. Im zweiten Briefe zeigt er eine genaue Kenntnis des Berichtes des Galeazo Visconti: „Praeterea Galleaz Vicecomes qui apud Elvetios populos vice Ludovici agit, rescripsit rem Sfortianam male apud Elvetios habere, quod populi illi nullo pacto fidem novi foederis cum Gallis violare velint, seque vereri quod auxilia Regi sint daturi, subditosque suos Sfortanis militantes revocaturi. Se vero omni alia spe de Elvetiis destitutum ad hoc declinasse ut saltem ipsi sint dissensionis inter Gallos Sfortianosque arbitri. Cuius rei adhuc se dubium esse profitetur." Satz für Satz wird dieser Bericht durch die eidgenössischen Abschiede bestätigt. Man vergleiche in der amtlichen Sammlung der älteren eidgenössischen Abschiede III, 2 p. 8, 9: (Antwort der Tagsatzung an den Bischof Jörg Schinner von Wallis, der um die Erlaubnis, den Herzog von Mailand zu unterstützen, nachgesucht: „Die sach welle uns eben schwer sin, nachdem wir mit dem küng (von Frankreich) in pflicht und einung sind . . ."). 14. 18. (Fuchs a. a. O. I p. 290. Antwort an die kaiserlichen Gesandten). 21. (Tagsatzung vom 11. März: „Heimbringen, ob man in Ansehen des sweren Kriegs zwüschen Frankrich und Mailand, des sich unser Eidgenossen von landern hoch erclaggent, dz er Inen an Iren gewerben und narung verderplichen schaden gebern werde, vnderstan und arbeiten welle,sölich krieg zu befrieden.") p. 24. (Tagsatzung vom 7. April: Galeazzo Visconti im Namen des Herzogs von Mailand „erbiete sich um das, so der küng an In zu sprechen habe rechts für uns Eydgenossen). Wir sehen auch, dass Morone schon damals auf das ge-

naueste unterrichtet ist von den Machenschaften, welche
die französischen Führer, insbesondere der gewandte Ballif
von Dijon, Anton de Bessey, und die schweizerischen
Hauptleute in französischen Diensten mit dem Eilboten
der Schweizer, welche den schweizerischen Landeskindern
in beiden Heeren den Beschluss der Züricher Tagsatzung
vom 11. März brachten, getrieben haben. Was er hierüber berichtet, wird bestätigt durch die Aussagen eines
dieser Eilboten, des Läufers von Zürich, Hans Roist, in
dem Verhöre, welches die Tagsatzung des 5. Mai 1500
angeordnet hatte, um zu untersuchen, inwieweit der Vorwurf, die Schweizer Moros hätten ihren Herrn an die
Franzosen verkauft, begründet sei. Er sagte unter anderen
aus:[1] „er sei von den in der Fastenzeit in Zürich ver-
sammelten eidgenössischen Boten in die Lombardei gesandt
worden, den Hauptleuten dort einen versiegelten, den Knechten
einen offenen Brief zu überbringen. Den Brief an die
Hauptleute Sforzas habe er abgegeben, den Brief an seine
Knechte habe ein Hauptmann zu bestellen übernommen.
Später habe er dann im französischen Lager gehört, der
Brief an die Knechte sei noch nicht abgegeben. Er habe,
sobald es ihm gelungen, bei dem betreffenden Hauptmann
angefragt nach dem Briefe, sei aber grob abgewiesen
worden.“ Hiermit ist zu vergleichen in dem Briefe Morones: quod ille caduceator qui litteras pugnam interdi-
centes illis Elvetiis afferendi onus susceperat, qui Regi
militabant, non erat illas redditurus nisi elapsis octo
diebus postquam alter caduceator similes litteras Sfortiamis
reddidisset.[2] Die Weigerung der schweizerischen Hauptleute in Ludovicos Diensten, gegen ihre Landsleute zu
kämpfen (Rosmini II. p. 289), wird bewiesen durch den Ver-
zicht Ammans Zellweger, eines der Hauptleute (Zellweger
a. a. O. II., 2 p. 336), und vieler anderer. Dass die
Schweizer im französischen Heere entweder keine Kennt-

---

[1] Zellweger: Geschichte von Appenzell II. 297 f.
[2] Vgl. Val. Anshelm a. a. O. II. p. 296.

nis von dem Beschlusse der Tagsatzung hatten oder, was wahrscheinlicher ist, durch Gold sich bestechen liessen, ihn zu ignorieren, zeigt ihr Verhalten vor Novara. M. Sanuto im 3. Bande der Diarii p. 196 weiss nur, dass die Schweizer im sforzischen Heere zurückberufen sind. (Nachricht aus Lodi vom 2. April): „Item che li capi di sguizari hanno revochà li 4000 sguizari sono col Moro in campo, che, sotto pena dil fuogo e di amazar lhoro moglie e figlioli, ritornano a caxa.“[1]) Ebendaselbst p. 200 (Brief Trivulzios vom 28. März an seinen Enkel): „. . . e al presente, le lige e cantoni hano scrito a li sguizari, sono al servicio dil signor Lodovico, che, a pena la vita, honore e roba, se debano partire, perchè lhoro mandeno le proprie bandiere de li cantoni et capetaniy al servicio dil roy, et aspectano el partir di tuto il resto, che già è partito a presso 2000.“ Dabei ist wohl zu beachten, dass von dem Verrate des Herzogs durch die Schweizer, der ihnen unmittelbar nach dem 10. April zum allgemeinen Vorwurfe gemacht wurde, ein solcher blieb und in die Geschichtsbücher überging,[2]) Morone nur das weiss: Sunt qui affirment seque procul dubio scire fateantur, unum ex Elvetiorum Capitaneis Sfortianis ilummet scilicet qui primus fugae modum suaserat, rem omnem Cardinali detexisse et eidem deprehendendi Ludovici modum indicasse.“ Er kennt also weder den Verdacht des Verrates, der auf den Schweizern lastete, noch jenes Verhör, das wegen dieses angeblichen Verrates angestellt wurde. Desshalb muss der Brief vor dem Allgemeinwerden und Erstarken jenes Gerüchtes geschrieben sein, d. h. am Tage seines Datums.

Der Abschied der Tagsatzung von Lucern vom 31. März 1500 (Amtliche Sammlung der älteren eidgenössischen Abschiede III, 2 p. 23), dessen Inhalt Gal. Visconti dem Herzoge an der von Ranke erwähnten Stelle

---

[1]) Vgl. Miscell. II. p. 66.
[2]) Fuchs: die mailändischen Feldzüge etc. I p. 317.

mitteilt, lautet: „Da auf diesem Tage angezogen ist, es
möchte der Eidgenossenschaft zu grossem Unheil gereichen,
wenn unsere Knechte, die sich in bedeutender Zahl sowohl beim König von Frankreich als beim Herzog von
Mailand befinden, in dem Krieg, der zwischen beiden
Fürsten waltet, an einander kämen, so ist beschlossen,
sofort dem König und seinen „Regenten", auch dem Herzog und den Knechten auf beiden Seiten zu schreiben,
letzteren dass sie stillstehen und sich in kein Gefecht mit
einander einlassen sollen; wir wollen Boten zu beiden
Fürsten schicken, um zwischen ihnen eine Vermittlung
zu versuchen, führt dieselbe zu keinem Ziel, so sollen die
Boten unsere Knechte von beiden Seiten ab und heim-
fordern oder suchen, sie auf eine Seite zu bringen, damit
Blutvergiessen uuter den Unsrigen vermieden werde.
Jeder Ort soll 2 Boten zu dieser Sendung verordnen. Am
Mittwoch vor dem Palmtag (8. April) sollen die Boten
zu Uri eintreffen und von da in Gottes Namen zu beiden
Heeren reiten. Da einige Boten auf diesem Tage zu
solchem Beschlusse nicht Vollmacht hatten, so
sollen diese dringend an ihre Herren bringen, sie
möchten sich in dieser Sache nicht von uns sondern, sondern auch ihre Botschaft auf den bestimmten Tag mit uns zu Uri haben."

Der Abschied bestimmte also, eine Gesandtschaft,
aus 20 Boten bestehend, iu die feindlichen Lager zu
senden, um den eidgenössischen Söldnern den Kampf zu
verbieten und zwischen dem Könige von Frankreich und
dem Herzoge eine Vermittlung anzubahnen. Der Zweck
der Gesandtschaft konnte aber nicht mehr erfüllt werden,
weil die Ereignisse ihr zuvorkamen. Erst nach der Gefangennahme des Herzoges erschien sie auf dem Schau-
platze. [1]) Die Zahl der Abgesandten sollte nach
dem Beschlusse der Tagsatzung 20 betragen. Wir hören,
dass die Boten mehrerer Kantone auf der Tagsatzung

---

[1]) Valer Anshelm II p. 301. Amtl. Sammlung p. 31.

von Lucern noch keine Vollmacht hatten, diesem Beschlusse beizutreten, wahrscheinlich, weil sie schon vollständig von Frankreich gewonnen waren. Denn schon
auf der Tagsatzung zu Brunnen am 23. März 1500 war
es zu folgendem Beschlusse gekommen, der Licht auf die
franzosenfreundlichen Stimmungen einzelner Kantone wirft:
„Da einige Orte ihre Knechte zum König von Frankreich
haben ziehen lassen, von demselben aber noch keine
Antwort auf die Begehren der Eidgenossen in Betreff der
20000 Gl. Kriegskosten und der Aufrichtung der mailändischen Capitel gekommen ist, so wird in Betracht,
dass unter solchen Umständen leicht geschehen könnte,
dass den Eidgenossen ihre Begehren abgeschlagen würden,
beschlossen, alle Orten sollen ihre Boten mit Vollmacht,
die nötigen Vorsorgen desshalb zu treffen, auf den nächsten
Montag nach unserer Frauen Tag (30. März) nach Lucern
senden; inzwischen ihre Knechte zurückbehalten und die
weggezogenen unverzüglich heimnehmen. Den Orten,
die auf diesem Tage nicht erschienen sind, soll dieser
Beschluss mitgetheilt werden, mit dringender Ermahnung
demselben nachzuleben, damit einstimmige Beschlüsse gefasst werden können." Trotzdem erschienen am 31. März
wiederum die Boten mehrerer Kantone in Lucern, ohne
Vollmachten in dieser Sache zu haben! Diese waren also
augenscheinlich Verbündete des Königs von Frankreich.
Dass eine Gesandschaft aller Kantone nicht zu stande
kam, beweisen vielleicht auch die Worte Morones: cum
utrinque exploratum esset singulos pagorum Legatos
Bellinzonam iam applicuisse. Wir nehmen also an, uns
unbedenklich auf das Zeugnis des Gal. Visconti bei
Morone stützend, dass nur 6 Kantone Vollmacht hatten.
Infolgedessen gab Visconti die Zahl der Gesandten auf
12 an, da er als unbestimmt annehmen musste, ob die
übrigen vier Vollmacht erhalten würden. Dass die Boten
eines oder mehrerer Kantone im Namen der Eidgenossenschaft handelten, war etwas sehr Gewöhnliches. [1] Morone

---

[1] Vgl. z. B. Amtl. Samml. a. a. O. S. 33.

fand also die Zahl 12 in Viscontis Bericht. Sie liesse sich
auch noch anders erklären: die Gesandschaft der Schweizer,
welche aus 12 Abgeordneten bestand, kam wenige Tage
nach der Katastrophe von Novara nach Mailand, um mit
dem Cardinal von Rouen über die Herausgabe von
Bellinzona zu unterhandeln; hier sah sie Morone und
nahm, halbwegs unbedacht, die Zahl derselben in seinem
Briefe gewissermassen voraus. Beide Erklärungen aber
weisen auf einen gleichzeitigen Autor des Briefes hin.[1]

Was Morone von den Ereignissen vor Novara bis
zum 8. April berichtet, findet insgesamt bei den besten
Gewährsmännern Bestätigung. Die Schicksale der Eilbot-
schaft der Schweizer Tagsatzung und das Verhalten der
Schweizer haben wir schon oben erörtert. Dass Ludovico
schon damals die Dinge gehen liess, wie sie wollten
„non curavit de ratione belli deliberare“) zeigt auch M.
Sanuto a. a. O. p. 190 „le cosse sue (Moros) in grande
confusione e disordeni, per più rispeti“ und Prate p. 245
. . . „se parti il principe tutto pauroso“ (nach seinem
letzten Besuch in Mailand). Über den Anmarsch der
Franzosen gegen Novara und die Absperrung des Pro-
viantes vgl. Sanuto ebend. „per esser intercepte le vic-
tuarie“ u. p. 212. Moros letzter Versuch, noch einmal
Geld und ein Heer von den Mailändern herauszupressen
(„exercitum educit et quasi pugnaturus instruit eo, uti
creditum est, animo ut caepta pugna per suum equitatum
et peditatum qui praeter Elvetios ex Italis et Germanis
constabat, ipse tutus Mediolanum se recipere posset, ubi
sollicitante Cardinali Ascanio delectus fiebat et decem
peditum millia scribebantur“) wird von Morone übereinstimmend mit Sanuto a. a. O. p. 216, dem Chronic.

---

[1] Es ist nicht erlaubt bei den „12 pagorum Elveticorum legati“
daran zu denken, es seien zu den 10 Kantonen noch einige zugewandte
Orte hinzugerechnet worden. Das hätte Galeaz, welcher der Tagsatzung
beiwohnte (und Morone), unmöglich schreiben können, denn diese waren
nicht vertreten. Überdies würde die Zahl 12 schwer herauskommen.
(Bluntschli: Geschichte des schweizerischen Bundesrechts I p. 189 f.).

Venetum p. 151 und Prato p. 245 erzählt. Die Schilderung der am 8. April beabsichtigten Schlacht, die durch den plötzlichen Rückzug der Schweizer Moros vereitelt wurde, stimmt in ihren Grundzügen vollkommen überein mit der Darstellung Autons a. a. O. 187:

Auton.

Ainsi que l'armée de France approchoit ses ennemis, et que gens d'armes et piétons voulurent branler pour donner le combat, les Allemands du seigneur Ludovic (hierunter sind die Schweizer zu verstehen) voyant les Français en barbe et propos délibéré de donner la bataille, pensèrent que pour celle fois le combat ne leur étoit de saison, et tout soudain eurent opinion arrêtée de non attendre la mêlée, et se retirèrent tous ensemble à Novare. Deux blanches enseignes de gens de cheval du seigneur Ludovic tournèrent le dos, et amoindrirent le nombre de son armée de deux cents chevaux. Le seigneur . . . .
. . . . . poursuivirent iceux fugitifs jusque sur la bord de la rivière du Tésin, lesquels ne furent atteints.

Morone.

Galli etiam licet satius putarent sine clade bellum conficere, quod non ignorarent Elvetios Sfortianos minime pugnaturos, et reliquum Sfortiani exercitus sine Elvetiis totum praelii pondus minime obiturum, tamen ne pugnam detrectare viderentur, quod in tantis viribus turpe putabant, aciem instruunt, et tanquam pugnaturi consistunt. Mox autem antequam dimicationis signum daretur, Elvetii Sfortiani seorsum se trahere, et involutis signis secessionem facere caeperunt; quo factum est, ut perculso toto exercitu et trepidante opportuerit Ludovicum receptui canere, atque intra maenia reverti .

Vgl. M. Sanuto p. 217.

Das Morone über die Verhandlungen von Novara so gut unterrichtet ist, als man es um die Zeit, wo er schrieb, sein konnte, haben wir oben gesehen.

Das wichtigste Kriterium für die Authenticität der
Briefe ist der Bericht Morones über die Gefangennahme
des Herzogs und den angeblichen Verrat seiner Sache
durch die Schweizer.

Bekanntlich wurden bald nach dem Ereignisse von
Novara am 10. April die Schweizer in Ludovicos Diensten
allseitig des Verrates beschuldigt.[1]) Die Tagsatzung
von Lucern ordnete infolgedessen eine scharfe Untersuchung der Anklagen an.[2]) Alle unter dem Verdachte des Verrates stehenden Personen wurden —
zum Teil peinlich — verhört; viele mit Geldstrafen
und Landesverweisung gebüsst und scharfe Vorschriften
gegen das Reislaufen erlassen. Derjenige, welcher als
Hauptschuldiger genannt wurde, Hans Turmann aus Uri
— er sollte, um sich die Belohnung des Ballif von Dijon
zu verdienen, auf die verkleidete Gestalt des Herzogs gezeigt haben — wurde später, als er, vor Strafe sich sicher
wähnend, in seine Heimat zurückkehrte, hingerichtet.[3])
Neben ihm bezeichnete die öffentliche Meinung noch den
Vertrauten des Herzogs, Schattenhalb, als Verräter. Die
eidgenössischen Tagsatzungen haben sich dieserhalb öfters
mit ihm beschäftigt.[4]) In dem Abschiede der Lucerner
Tagsatzung von dem 7. Januar 1501, welcher die Resultate
der Untersuchung enthält, heisst es: dessglichen als dz
französische her dz meylandisch her hat erobert vnd mit
dem meylandischen her gerett ist, sy mögen nit by leben
bliben, Einer zöige dann den Herzogen, hat der Schattenhalb zu etlichen gerett, So woll er Inen den herzogen
zöigen, desshalb er sich understanden, hat er In acht

---

[1]) Ascanio sagte schon in der Gefangenschaft der Venetianer (Sanuto
III p 229) aus: „er hätte an die Flucht nach Deutschland gedacht e questo
era molto pericoloso, per convenir passar per terre de'sguizari, quali haveano
retenuto (sic!) el signor Ludovico."

[2]) Amtl. Sammlung III, 2 p. 47.

[3]) Aber es ist bemerkenswert, dass Turmann vielleicht nur ein Opfer
des beleidigten Nationalstolzes gewesen ist. Vgl. Ranke: Geschichten etc.
p. 131 Anm. 2.

[4]) a. a. O. p. 54. 64. 81. 87.

mögen vinden, darum der sye er verraten worden u. s. w.
Sol auch jeder Bot an sine herren bringen, wz man mit
Im (Schattenhalb) fürnemen soll." Die Untersuchung
gegen Schattenhalb ging noch fort:[1]) er stand im Verdachte, das Silbergeschirr L. Moros unterschlagen zu
haben (vgl. Zellweger). Von einem Verdachte weiss
auch schon Morone, der im übrigen über den angeblichen Verrat der Schweizer vollkommen schweigt;
aber zu der Zeit, als er schreibt, wagt er diesen Verdacht
noch nicht als sicher hinzustellen und beruft sich auf
das Zeugnis anderer: „Sunt qui affirment, seque procul
dubio ˙scire fateantur, unum ex Elvetiorum Capitaneis
Sfortianis, illummet scilicet qui primus fugae modum
Ludovico suaserat, rem omnem Cardinali detexisse, et
eidem deprehendendi Ludovici modum indicasse."
    Die Untersuchung bestätigte die Verdächtigungen
nicht.[2]) Es stellten sich Treulosigkeiten einzelner schweizerischer Hauptleute in Sforzas Dienst, Geldunterschlagungen,
mehrere Fälle von Fahnenflucht, aber nicht ein Verrat
der gesamten schweizerischen Söldner oder auch nur
eines Teiles derselben heraus. Das Heer, durch den Befehl der Tagsatzung bewogen, verliess Moro beim Kampf:
damit war seine Sache unrettbar verloren. Irgend ein
oder mehrere Schweizer aus Ludovicos Heer haben dann
die Person des Herzogs verraten. Dass die Schweizer sich
bemühten, dem Herzoge freies Geleit zu verschaffen, dass
sie sich erboten, ihn nach Bellinzona durchzubringen, dass
sie ihn wirklich zu entführen versuchten, was die französischen Feldherren bewog, sie in der Nacht vom 9. auf
den 10. April streng bewachen zu lassen; endlich dass
sie, als sie widerwillig ihre Schaaren von den Franzosen
durchsuchen liessen,[3]) den Franzosen noch vorzuspiegeln

---

[1]) a a. O. p. 93
[2]) Amtl. Sammlung a a. O. p. 86.
[3]) Trivulzios und Trimouilles Berichte. Morone: „quoad licuit reluctantes."

suchten, Moro sei schon entwichen, berichten uns die besten Quellen.[1]

Die authentischen Quellen, der Brief Trivulzios an die venetianische Signorie (bei Sanuto ip.˙ 225), der des französischen Feldherrn La Trimouille an Ludwig XII. (bei De la Pilorgerie a. a. O.), die gleichzeitigen Relationen Sanutos wissen, wie Morone, nichts von dem Verrate der Schweizer. Die Nachricht über die Gefangennahme Moros, welche mehrere Tage nach dem Ereignis nach Rom gelangte, hat der päpstliche Ceremonienmeister Burchhard in seinem Diarium (ed. Thuasne III. p. 34) aufgezeichnet: „In nocte sequenti (14/15. April) nuntiatum est ad Urbem quod in dicto conflictu per Ludovicum, ducem Mediolani, cum Gallis et per illos acceptato, hora statuta adveniente, Helvetii sive Suicenses a duce Mediolani conducti noluissent pugnare contra Gallos, similiter neque guardie; Burgundi irruissent in ducem et Galli gentes suas et ducem cepissent cum multis nobilibus Italiae; Suicenses autem et ceteros extraneos illesos habuisse, et id contigisse veneris, 10. huius mensis, circa horam vesperarum ante civitatem Novariensem, ex quo post quartam noctis auditi sunt per totam noctem clamores et jubilatus per Urbem; Urso, Urso etc. . . .“ Auch hier ist also nichts von dem Verrate der Schweizer erwähnt.[2] Aber aus diesen Argumenten ex silentio dürfen wir ohne weiteres nichts schliessen.

Diesem gegenüber steht die landläufige Tradition, welche den Verrat der Schweizer als erwiesen hinnimmt (s. o. S. 60 Anm. 2). Wie bald die öffentliche Meinung die Schweizer in Moros Dienst des Verrates bezichtigte, zeigt die oben (S. 65) angeführte Bemerkung Ascanios bei Sanuto a. a. O., zeigt auch eine Rede des Kurfürsten

---

[1] Auton a. a. O. J. Bonchet, Panégyric du chevalier sans reproche in Collect. compl. XIV p. 438. Anshelm II p. 299.

[2] Man bemerkt aber, wie leicht sich aus Burchhards Angabe, welche die wesentlichen Punkte richtig enthält, das Gerücht von dem Verrate der Schweizer bilden konnte.

von Mainz zu Frankfurt 14 Tage später (in J. Janssen:
Frankfurts Reichscorrespondenz II p. 642): Die Rom. kon.
maj. hab yetz ettlich tâg die anderen fursten und ine zu
irer maj. gen hof erfordert und inen angezeigt, wie der
hertzog zu Mayland von den Sweitzern, so bey im in
seinen dienst gewesen seyen, veruntrewt worden sey .."
Diese Meinung blieb in der Folgezeit herrschend.[1]) Selbst
Prato (p. 247) hält den Verrat für erwiesen: 30000 Gold-
gulden waren der Sündenlohn des nefando tradimento.
Doch glaubt er, dass nicht alle Schweizer in Ludovicos
Heer am Verrate Teil hatten. („A che li fu per alquanti
di loro data la fede [se fede dir si può] de salvarlo; et
con verità, io credo che tutti non fussino participevoli
della fraude"), eine Einschränkung, die allerdings den
Vorwurf sehr wenig lindert. Wichtiger dagegen ist, dass
Guicciardini, dessen Darstellung der hier behandelten
Dinge zu den besten gehört, es zweifelhaft lässt, ob die
Schweizer Moro verraten haben oder nicht.[2])

---

[1]) Vgl. P. Jovius in hist. sui temp. epitome VII. S. 108 und der
vita des Pomp. Colonna: „Ludovicus Sfortia et Ascanius Cardinalis frater
opera Helvetiorum capti detrusique in Gallicam carcerem paterno imperi
exciderunt." B. Jovius Hist. Novocom.: „Maurus autem a suis Helvetiis,
cum ceteris, qui Gallis auxilio venerant, occursare recusarent, ne cognatum
sanguinem funderent, hostibus proditus est et in Galliam perductus." Bembo
sagt, Moro sei „permittentibus Elvetiis" gefangen genommen. S. Birken:
Spiegel der Ehren etc. p. 1127. „Die Schweitzer so bey ihm waren
machten einen heimlichen Verstand mit denen die drausen im Französischen
Lager waren übergaben den Ort und bedingten ihnen freyen abzug . . .
Aber es war verräterey: dann ein Schweitzer abgeredter massen von hinten
auf ihn zeigte . . . Die Eydgenosschaft verlohre dieser Verräterey halber
ihren bisherigen Tugendruhm und ward ihnen deswegen etc. Vgl. J. Pitti
in seiner Istoria Fiorentina (Archivio storico Italiano I p. 67), Diariu
Ferrarese (Muratori SS. XXIV p. 383), Legendre Vie du cardinal Ambuise;
Burdigozzos cronica Milanese (Archivio storico Ital. III p. 421): „Ludovico fu fatto preson dalli Svizzeri, et fu dato nelle mane del re de
Franza." u. a.

[2]) Guicciardini a. a. O. p. 122: „Fu (Moro) per la diligente investi-
gatione di coloro, che erano preposti a questa cura ò insegnato da'medesimi Svizzeri, riconosciuto." Doch spricht er von der „Barbara perfidia"
der Schweizer.

Die sehr genaue, auf gleichzeitigen Berichten beruhende Darstellung Autons weiss von dem Verrate der Schweizer nichts. Denn seine Darstellung (Chroniques I p. 197) berechtigt höchstens zu der Annahme, dass einige Schweizer die Person Moros verraten haben. Man vergleiche „Pour au propos revenir, après la sommation du sire de la Trimoille, les allemands du seigneur Ludovic promirent de rendre le dit Ludovic . . .“ Darauf erfährt der Ballif von Dijon „par aucuns des Allemands, auxquels il donna deux cents écus où il (der Herzog) était.“ [1]) Er findet aber nicht Moro, sondern Galeazzo Visconti. Endlich wird nach langem Suchen Moro entdeckt. Aus anderen Quellen wissen wir, dass das Heer Ludovicos unter der Pike durchziehen musste, was 3 Stunden in Anspruch nahm, bis der verkleidete Herzog gefunden wurde. Wenn wir wirklich nach Auton einen Verrat der Schweizer annehmen wollten, so könnte dieser erst am 10. April, als das Heer Moros schon zum Teil zerstreut war, und erst après la sommation du sire de Trimoille erfolgt sein. Aber Auton beschuldigt nicht ausdrücklich die Schweizer des Verrates; überdies widerspricht die Art und Weise, wie Ludovico gefangen wurde, dieser Annahme. Autons Worte („promirent de rendre ledit Ludovic“) sind also nicht so aufzufassen, als ob er die Schweizer für Verräter gehalten hätte. Einzelne mögen immerhin zu Verrätern geworden sein.[2]) Wer die Lage, in der sich Moro befand, richtig erkannt hat, wird zugeben, dass es eines Verrates gar nicht mehr bedurfte, denn Moros Sache war schon längst aussichtslos: sie war entschieden am 8. April, als seine Schweizer den Kampf weigerten. Er selbst hielt sie für verloren und warf sich desshalb auf Unterhandlungen mit dem Grafen von Ligny. In Uebereinstimmung mit den besten Quellen erzählt

---

[1]) Vgl. V. Anshelm II. p 299. „und der verräteren Judas vom belle 200 Kronen geschenkt.“

[2]) Vgl. Archivio Veneto IX p. 144.

Morone. Er, der 20 Tage nach der Gefangennahme des Herzogs schreibt, weiss von dem Verrate der Schweizer nichts, in seiner Darstellung hat auch ein solcher gar keinen Platz: nur gerüchtsweise führt er einen Hauptmann als Verräter der Person Moros an, wie auch Geoffrey Charles a. a. O. den Verrat der Schweizer nur als Gerücht hinstellt: „Sunt qui dicunt quamvis pro certo non habeam compertum . . . ." Die Schuld an Moros unheilvollen Ausgang schiebt er den verkehrten Massnahmen des Herzoges (s. die Capitulation von Novara), dem Beschlusse der Schweizer Tagsatzung, der die Schweizer im sforzischen Heere zur Untätigkeit verurteilte, den Intriguen, die mit diesem Beschlusse gespielt wurden, und nicht zuletzt dem unentschlossenen, doppelzüngigen Verhalten Moros zu (vgl. S. 25 f.). Hätte er später den Brief geschrieben, so hätte er den Tadel Moros gemildert und vor allen Dingen, wenn er den Brief auch nur überarbeitet hätte, den Verräter schärfer gegeisselt. Denn Verräter tauchen in der allernächsten Zeit zahlreich auf: wir hören von Turmann bei den Schweizer Chronisten, von Schattenhalb und anderen in den Schweizer Abschieden [1]); P. Iovius sagt (histor. sui temp. VII epit.): „Nam Helvetii utriusque partis Gallica pecunia corrupti cum habitu Helvetii militis inter phalangis ordines prodeuntem Gallis ducibus tradiderunt praecipuis tantae perfidiae autoribus Rodulpho Salice Rheto (Fuchs I 311), cui Longo cognomen fuit et Caspare Sileno ab Urania Helvetio." [2])

Das Gerücht von dem Verrate der Schweizer ist wahrscheinlich so entstanden. Es ist wahr, dass der Ballif von Dijon die sforzischen Schweizer aufforderte, gegen Geld ihren Herren auszuliefern und ihnen dann, als sie den gefangenen Moro als „Gefangenen zu Eidgenossen Handen" (wie Moro selbst gewollt hatte) beanspruchten,

---

[1]) Amtl. Samml. eidg. Absch. III, 2 p. 78 „wellich die 6 syen gewesen, die den Herzogen söllen verraten haben."

[2]) Über Grumello s. u

einen monatlichen Sold für die Person des Herzogs versprach [1]), ein Versprechen, dessen Nichterfüllung bald darauf den erbitterten Kampf zwischen den schweizerischen Söldlingen und den Franzosen mitherbeiführte. Dieser Umstand hat, glauben wir, die Schweizer in so ungünstigem Lichte der Mit- und Nachwelt erscheinen lassen. So erklärt sich Pratos Angabe (p. 24 f.): „et parte de li Sviceri, avuti trenta millia scuti d'oro per precio del nefando tradimento, se transferirno a Lumelina" und die Ansicht des loyal serviteur, der sich über die Katastrophe von Novara genau unterrichten liess (Collect. compl. XV a. a. O): „Je ne sçay que fist l'affaire, mais il (Moro) fut plus que mal servi. Ce fut le vendredy devant Pasques flories, oudit an 1500. Le reste de son armée s'en alla bagues saufves. Je croy bien qu'ilz eurent quelque payement, car on disoit que les Suisses que seigneur Ludovic avoit avecques lui s'estoient mutinez à faulte de payement; mais depuis j'ai entendu du contraire(!), et que le bailly de Dygon, qui avoit gros credit avecques eulx, les avoit gagnez, joinct aussi qu'en l'armée du Roy y en avoit beaucoup plus gros nombre qu'ils n'estoient dedans Novarre, et s'excusoient de ne combattre point les ungs contre les autres." [2])

Beachtenswert erscheint, was Morone über die Gefangennahme Ludovico Sforzas schreibt: „Factum est igitur, ut dum Elvetii inviti quidem, et quoad licuit reluctantes, victorum imperio coacti bini concedere compelluntur, infelix Ludovicus, qui non oris, non maiestatis, quam in vultu semper habuit, non proceritatis habitum mutare poterat, licet vestes commutasset agnitus aprehensusque fuerit, et postero die per eundem Comitem Lignyaci captivus in Galliam deductus." Die spätere Ueberlieferung hat die Gefangennahme Moros mannigfach ausgeschmückt. Arnold

---

[1]) Anton I, 198. Fuchs I, 313. Ansbelm II, 299. Sanuto III, 234, 245 etc. Amtl. Sammlung III, 2 p. 55. 57.
[2] Vgl. Daru „Histoire de Venise" III p 226.

Ferronus (rer. Gallic. libr. III) berichtet, Trivulzio habe
dem gefangenen Moro, nachdem er, vergebens von dem
edelmütigen französischen Feldherrn zurückgehalten, mit
Gewalt sich zu ihm durchgerungen, höhnisch die Worte
zugerufen: „Sfortia, vides quas a te accepi contumelias haud
minore mensura redditas!" Ranke in „Geschichten der
germanischen und romanischen Völker" p. 131 hat diesen
Zug als glaubwürdig in seine Darstellung aufgenommen.
Aber die Erzählung des Ferronus beruht nicht auf
authentischen Quellen und ist aus der französischen, dem
Trivulzio geflissentlich ungünstigen Tradition hervorge-
gangen. Der glaubwürdigere Jean d'Auton berichtet über
diesen Vorfall (a. a. O. p. 197): „Après ce qu'il fut ainsi
monté, le comte de Ligny lui demanda s'il vouloit voir le
seigneur Jean-Jacques, lequel dit que non: car de la vue
celui qui tant de dommage lui avoit pourschassé, ne pour-
roit qu'augmenter le grief accès de sa douleur amère, et de
vrai . . .." Wir haben noch einen anderen Gewährsmann,
der uns gerade das Gegenteil dessen, was Ferronus
berichtet, erzählt. Es ist ein Panegyrist des Hauses Trivulzio, ein Zeitgenosse, Kallimaco Siculo (sein Werk,
Panegiris Trivultia; über ihn Rosmini I 613 f. vgl. II
221, 228, 238.), eine sonst unbekannte Person. Was Rosmini a. a. O. über ihn sagt[1]), lässt ihn zwar nicht als
gute Geschichtsquelle erscheinen, aber wir können doch
das, was er über Trivulzios Verhalten bei der Gefangennahme Moros erzählt, getrost als glaubhaft hinnehmen.
Er schildert dieses so (Rosmini I p. 600):

Quis narret sit quanta tibi clementia victis,
Nil leve, nilque ferum memoratur nilque superbum
In te magnanimo, nihil est quod laude et honesto
Sit vacuum complura docent exempla, sed illud
Clarius, infausto avertisti lumina Mauro,
Ne victo et capto quisquam insultare posset.

---

[1]) „egli versa più intorno alle lodi del Maresciallo e di molti altri
ndividui della famiglia Trivulzio che nella narrazione delle militari imprese."

Geht nun auch Kallimaco Siculo vielleicht in der
Verherrlichung Trivulzios und seiner Familie sehr weit,
so ist doch nicht anzunehmen, dass er die Dinge auf
den Kopf gestellt und ein notorisch brutales Betragen
des Marschalls gelobt haben sollte. Überdies passt die
Schilderung des Ferronus wenig zum Charakter Trivulzios.[1]) Es kommt hinzu, dass Morone nichts derartiges erwähnt: er hätte, zumal da er mit Trivulzio in heftigem
Kampfe lag (man sehe den Anfang des Briefes), nicht
unterlassen, dieses hässliche Benehmen Trivulzios, das sich
gegen den Herzog richtete, seinem Freunde[2]) mitzuteilen.
Hier zeigt sich, dass Morone von den Mythen, die sich
bald um das bedeutungsvolle Ereignis von Novara zu
bilden begannen, noch unberührt ist.

Auch über die Gefangennahme des Cardinals Ascanio
hat sich bald eine Tradition gebildet, welche dieselbe auf
Verräterei zurückführte. Prato p. 248 erzählt, der flüchtige
Ascanio sei mit seinen Begleitern bis Piacenza geeilt und
habe sich dort nach einer Zufluchtsstätte umgesehen.
Da hätten sich die Söhne des Grafen Maffei da Lando
freundlich erboten, ihn auf eines ihrer Schlösser, Rivolta,
in Sicherheit zu bringen. Unmittelbar nachdem Ascanio
das Schloss betreten, sei er von ihnen im Namen des
französischen Königs gefangen genommen worden. Ascanio habe sich geweigert, Gefangener des französischen
Königs zu sein, und sich deswegen dem ihm befreundeten
Hauptmanne der Venetianer ergeben. Ähnlich berichten
Valerius Anshelm[3]) und Guicciardini.[4]) Im Widerspruch

---

[1]) M. Brosch Papst Julius II p. 26. Rebucco erzählt (Rosmini I p.
600), dass der Graf von Misocco mit Genehmigung seines Vaters den gefangenen Herzog mit Kleidern versehen habe (Sanuto Diarii III p. 241).

[2]) Den die persönlichen Angelegenheiten Moros am meisten kümmerten.

[3]) II. p. 301: „Do nun die mär, wie es zu Nawerren gangen was,
gon Meyland kamend, macht sich des herzogen brüder, cardinal Ascanius,
angends bi nacht uf, vnd floch mit sinem schaz ubern Pod, in ein der
Bentifolien schloss darin, verraten, in der Venedier hoptman, Herr Karl
Ursin, ufbub, und gon Venedig schickt."

[4]) p 122 (edit. Vened. 1565): „il Cardinale Ascanio . . . sentita

mit diesen Gewährsmännern erzählt Morone, der diese
Vorgänge genau kennen musste: „At Cardinalis Ascanius
cum iam Mediolanum auxilia ad Ticinum flumen misisset,
accepta fratris captivitate eadem die circiter solis occasum
Mediolano excedit, Romam, uti dixit, profecturus, [1]) eumque
plurimi Gebellini sequuntur et incessantur, equitans citato
cursu Ripaltam pervenit, arcem in Placentino agro iuxta
Padum satis munitam. Sed vix se ipsum, comites, et
equos reficiendi tempus habuit, quod a Carolo Ursino
Venetorum Duce qui de eius fuga certioratus cum quingentis equitibus levis armaturae eum prosequebatur circum-
datus et obsessus fuit, verum cum nulla esset salutis
spes, deditionem ipse fecit et Venetias adductus est.“
Er weiss von dem Verrate ebensowenig als Auton (a. a.
O. p. 199): „Le cardinal Ascaigne . . avec 400 chevaux
se mit aux champs, et prit le chemin de Bologne-la-
Grasse, lequel, en passant près de Plaisance, par une
bande de Français et quelque nombre de Vénitiens, qui
là étoient, fut assailli, et tant rudement mené, que ses
gens furent défaits, et lui chassé jusque dedans un château
nommé Rivole, près de là où fut assiegé et pris.“ Ein
anderer Gewährsmann, der für die Sforzas leidenschaftlich
begeisterte Grumello (Cronaca in „Raccolta di Cronisti e
Documenti storici Lombardi ined. vol. I p. 56) schweigt
über den angeblichen Verrat gänzlich: „Aschanio cardinale,
frattello di Ludovicho Sforza, ducha de Milano, intexo la
presa dil| frattello, pigliato il camino dil Placentino incon-
trossi in li milliti Veneti, dove fu forzato retirarsi nel
castello di Riva alta di Corato Landexe. Retirato il

---

tanta rovina si partì subito de Milano . . . si fermò la notte prossima . . .
a Rivolta nel Piacentino, castello di Currado Lando gentil' huomo di
quella città, congiuntogli di parentado, et di lunga amicitia, il quale,
mutato l'animo con la fortuna, mandato subito a Piacenza a chiamare Carlo
Orsini et Sonzine Benzone soldati de' |Venetiani, le dette loro nelle mani “
   [1]) Man beachte diese genaue und richtige, deswegen authentische
Angabe, bestätigt durch Worte Ascanios bei Sanuto a a. O. p 229: „che
io sia partita da Roma per vegnir a favorir mio frattello.“

povero Aschanio in el predicto castello, circhuito da epsi
milliti Veneti, non potendo fugire fu forzato Corato a
dare Aschanio Sforza pregione ad epsi milliti Veneti."
In Sanutos Relationen endlich, die den Brief Ascanios an
die Venetianer nach seiner Gefangennahme und vielfache
Aussprüche desselben in seiner Gefangenschaft u. a. enthalten, findet man bei scharfer Prüfung keine Bestätigung
des Verrates.[1]) Sie ergeben in Uebereinstimmung mit
Auton, dass Ascanio von den Venetianern angegriffen,
belagert und zur Ergebung gezwungen wurde. Es liegt
nahe anzunehmen, dass in Morones Worten „deditionem
ipse fecit" eine Abweisung der damals über den Verrat
an Ascanio umlaufenden Gerüchte liegt. Jedenfalls ist
von Wichtigkeit, dass Morones Darstellung von der
späteren, siegreichgebliebenen Tradition unbeeinflusst ist.

Aus den übrigen Thatsachen, die Morone in seinem
letzten Briefes anführt, gewinnen wir nichts für die innere
Kritik desselben. Über die Strafsumme von 300 000 Dukaten, welche den Mailändern auferlegt wurde, und ihren
angeblichen Erlass durch Trivulzio s. o. S. 11. Was der
Schreiber des Briefes von der Amnestie der Mailänder
sagt („Sed eiusdem Rothomagensis aequanimitate factum
est, ut omnes exceptis auctoribus rebellionis tuti sint et in
gratiam Regiam recepti"), stimmt durchaus überein mit
Auton I 208 und Sanuto III 248.

Dass Morone in seinen Briefen manche Thatsachen
übergangen hat, haben wir schon an mehreren Orten gesehen und ist für den Briefschreiber ganz natürlich.

---

[1]) Vgl. auch Burchhard a a. O. p. 85: „In nocte sequenti (15. April),
circa secundam horam venit ex Lombardia unus ex gentibus Caroli Ursini
qui dixit SS. D. nostro, si verum mihi relatum est, Rmum. D cardinalem
Ascanium fuisse per Carolum Ursinum captum, die dominica Palmarum
proxime preterita, in quodam castro communitatis sive districtus Placentini
cum esset in fuga cum equis circiter 600, et omnia illius bona data fuisse
in predam, que ascenderent ad valorem ducentorum millium ducatorum, et
eundem cardinalem .... per eundem Ursinum ductum Venetias und bes.
das Chron. Ven. p. 153. Über die Entstehung dieser Sage s. das u. über
Prato Bemerkte.

Ganz abwegig wäre es zu denken, dem Verfasser, der nach 1500 schrieb, seien sie entgangen. Wir wissen z. B. aus Prato p. 245, Sanuto III p. 166, Chron. Ven. 144, dass Moro unmittelbar nach der Capitulation von Novara sich nach Mailand begab, um auf's neue Gelder von den schon unwilligen Bürgern aufzutreiben (während welcher Zeit Morone in Mailand war); wir wissen ferner, dass Moro in den letzten Tagen vor seiner Gefangennahme noch mehrere Gefechte mit Trivulzlo geführt (Grumello, Sanuto): Morone erwähnt hiervon nichts. Aber dieses beweist nichts gegen die Authenticität der Briefe, denn Morone sagt selbst in dem Eingange des 3. Briefes: „Nunc rebus pacatis et compositis, quodcunque scriptione dignum erit, te minime latere patiar." Das Interesse Varadios aber con-centrierte sich auf die Person des unglücklichen Herzogs, und dieser ist wirklich der Mittelpunkt der Darstellung des 3. Briefes. Die Briefe sind eben geschrieben „sotto l'immediata impressione de gli avvenimenti."

Auch kleine Irrtümer haben wir in Morones Darstel-lung mitunterlaufen gesehen oder Ungenauigkeiten neben den genauesten Angaben, die einen gleichzeitigen Autor verraten. Wir wollen hier noch einen Irrtum Mo-rones berichtigen. Er schreibt (Rosmini II p. 288): „At Gallorum Duces, et ipse etiam Cardinalis Rothomagensis qui vice regis fungebatur et iam in castra regia venerat" . . . und p. 291 über die Gefangennahme Moros: „At se-cus evenit: Cardinalis Rothomagensis . . . . non est pas-sus Gallorum Duces a Ludovico Sfortia cum quo etiam privatas gerebat simultates, decipi et eludi. Igitur edixit, ut exeuntibus Elvetiis totus Gallorum exercitus instrueretur, et tamquam dimicaturus alas faceret cogeretque recedentes Elvetios per medium exercitum atque inter utrasque alas binos pertransire." Diese Angabe Morones ist falsch. Auton I 204 berichtet: „Un jour après la prise du seigneur Lu-dovic, le cardinal d'Amboise partit de Verceil, et ce jour fut à Novare." (Sanuto p. 232). Trimouille hatte näm-lich an ihn geschrieben, zu kommen. (De la Pilorgerie

a. a. O. p. 457. Legendre: Vie du cardinal d'Amboise. Humbert Vellay (in Autons Chroniques IV 250). Dieser Irrtum konnte leicht passieren. Morone schrieb 20 Tage nach der Gefangennahme Moros und sah während dieser Zeit Amboise als Vertreter des Königs von Frankreich.

Erwähnen muss man, dass Morone den dritten Oberanführer des französischen Heeres, La Trimouille, in seinem 3. Briefe an Varadio (wie auch in den übrigen gleichzeitigen) gar nicht nennt, obwohl er in dem 2. schon von seiner Ankunft gesprochen: ein Beweis, dass Morone bei der Abfassung des 3. Briefes den 2. nicht vor Augen hatte, also dass er wirkliche Briefe, nicht Geschichte in Briefform schrieb.

Schliesslich weisen manche Wendungen in den Briefen mehr auf Gleichzeitigkeit als auf spätere Aus- oder Überarbeitung hin z. B. Rosmini II 286: „constat in praesentia eum magnum ac potentem instructumque exercitum habere." Ebend. p. 289: „Sunt qui arbitrantur . . . . . „Exercitum educit, et quasi pugnaturus instruit eo (uti creditum est) animo . . ." p. 291 . „. . . ipse medius Elvetios Novaria exit, et se ipsum ut postea dixit, solabatur quod liber esset. (Diesen zweideutigen Ausdruck, der leicht zum Verräter hätte werden können, hätte Morone, wenn er später geschrieben, sicherlich vermieden) p. 292 . . . Romam, uti dixit, profecturus vgl. p. 74 Anm. 1[1]). Diese Indicieen haben freilich nur neben der grossen Masse der anderen ein Quentchen Beweiskraft.

Die Authentie der Briefe scheint nach dem Ausgeführten gesichert. Über die anderen authentischen Documente, den Brief Geoffrey Charles', den Bericht La Trimouilles über die Katastrophe von Novara an Ludwig XII (bei De la Pilorgerie: Campagne et bulletins de la grande armée d'Italie p. 453 f.), den des Marschalls Trivulzio über

---

[1]) Vgl. p. 28.

dasselbe Ereignis an die venetianische Signorie (bei Sa-
nuto a. a. O. III p. 225) und den des Herzogs Ludovico
Moro über die Eroberung von Vigevano (bei Magenta:
J Visconti e gli Sforza nel castello di Pavia II p. 483.
Ur. 475) ist oben schon des näheren gehandelt worden
und nichts hinzuzufügen.

b. Die Tagebücher.

Fünf kommen ·in Betracht: Marino Sanutos Diarii (III), das sog. Chronicon Venetum, das Diario Ferrarese, B. Senaregae de rebus Genuensibus commentaria[1]) und Burchhards, des päpstlichen Ceremonienmeisters der Zeit, Diarium (ed. Thuasne. t. III). Die drei letzteren bieten nur ganz nebensächliche Kleinigkeiten, welche die Italiener angehen. Sanutos Lob haben seine landsmännischen Editoren seit dem Erscheinen seines Riesenwerkes derart in allen Tonarten gesungen, dass man wohl nichts Neues zu seinem Preise hinzufügen kann. Und wirklich ist sein Fleiss und seine Unparteilichkeit über jeden Zweifel erhaben. Die Art und Weise aber, wie er seine Tagebücher zusammenschrieb, ist noch einer näheren Durchforschung wert, die wir im folgenden anzubahnen versuchen, in dem wir uns wesentlich auf die im vorhergehenden behandelte Zeit beschränken.

Auf desselben Sanuto Namen gab Muratori im 24. Bande der Scriptores rerum Italicarum eine anonym vorgefundene Chronik heraus, welche er als das Chronicum Venetum bezeichnete (Ranke: Zur Kritik etc. p. 86). Er hielt es für Sanutos „La spedizione di Carlo ottavo in Italia" und glaubte um so mehr Grund zu haben, es dem Sanuto zuzuschreiben, als der betreffende Codex sich unmittelbar hinter Sanutos Dogenbiographieen fand. Seine Ansicht wies mit Recht schon im vorigen Jahrhundert Foscarini „Della letteratura Veneziana" S. 180 zurück. Er sagt: „Zu viele Umstände widersprechen Muratoris

---

[1]) Diese letzteren drei bei Muratori XXIV.

Urteil. Der Stil des Autors, seine Bissigkeit, von der
Sanuto weit entfernt war, das Fehlen von Staatsacten, an
denen er (Sanuto) Ueberfluss hatte; der Umstand, dass
das Werk aus einem Buche besteht, während Sanuto es
in 3 teilte[1]); endlich bemerkt man im Chronicon Venetum
manche Einzelheit anders dargestellt als sie Sanuto in
seinen eigenen Tagebüchern bietet." Sanutos echtes Werk
La spedizione di Carlo VIII. etc. ist 1873 im Archivio Veneto
herausgegeben, und wir wissen jetzt, dass der Verfasser des
Chronicon Venetum Girolamo Priuli, ein junger venetianischer
Kaufherr, dem Sanuto fast gleichaltrig, der durch seine Fa-
milienbeziehungen die besten Nachrichten über Staatsange-
legenheiten erhalten konnte, ist. (Sanuto: La spedizione di
Carlo VIII p. 6. Foscarini s. a. O. p. 194.) Eine Vergleichung einzelner Angaben Sanutos in den Diarii, der durch
seine Ämter Einblick in die Staatsgeschäfte hatte und
sogar die Geheimarchive benutzen durfte, und Priulis soll
die Eigenheiten beider Autoren zeigen. Leider fällt störend
in's Gewicht, dass Muratori das Chronicon Venetum nur
im Excerpt herausgegeben und vieles Detail als überflüssig
weggelassen hat. Grade aus diesem würde sich manches
für den Charakter der Schriftsteller ergeben. Obwohl
also die Untersuchung manchem als verfrüht erscheinen
wird, kann sie doch einiges Licht über die Vorzüge und
Mängel beider verbreiten.

Übereinstimmend berichten beide Autoren über den Tod
des Cardinals Borgia, des Neffen des Papstes Alexander:

Chron. Venet. p. 136.	Sanuto Diarii III p. 86.
Per lettere volando da Ravenna s'intese a dì 16 di Gennajo 1500 come il Cardinale Borgia, nipote del pontefice in due giorni di febbre morì a Urbino, il quale andava a Roma, in	(Unter dem 17. Januar 1500). „Item" si have aviso come a Urbim, a dì . . . . era morto il cardinal Borgia legato qual di Bologna ritornava a Roma in gran pressa, et esser morto in do zorni,

---

[1]) Ein Irrtum: es scheinen 5 gewesen zu sein.

età di circa 25 anni, che avea d'entrata Ducati 30000 all'anno, molto a-mato dal Papa, e fu Legato a Latere a Venezia, e in Romagna. Morì a dì 14. del detto Mese a tre ore di notte. Si guidica che sia stato attossicato; et di poi s'intese certamente, come il Duca Valentino il fece attossicare, perchè conosceva, che il pontefice gli portava tenoro e cordiale amore, et entrò in gelosia, che questo Cardinale si volesse fare Signore di qualche luogo. E però il fece morire.

chi diceva da stracho, et chi esser stà intosegato; tamen morì da ferza. Havia de intrada ducati assa' milia, et era nepote dil papa.

Sanuto ist hier offenbar viel ungenauer als Priuli. Er vernachlässigt, wie häufig, die Zahlen; sein Stil ist bei weitem ungebildeter als der Priulis. Endlich führt er die Quelle für seine Nachricht ganz unbestimmt, was ebenfalls bei ihm sehr häufig stattfindet, an, während Priuli sie bestimmt nennt. Bemerkenswert ist dabei, dass Sanuto sowohl kurz vorher wie nachher Briefe aus Ravenna, aus denen er, wie Priuli, unzweifelhaft seine Nachricht entnommen hat, als Quelle anführt. Sanutos Bemerkung „Havia de intrade etc." würde man gewiss für einen selbstständigen Zusatz halten, und doch hat ihn sicherlich Sanuto seiner Quelle entnommen.

Dass Sanuto Nachrichten oft später anführt als Priuli, nimmt nicht Wunder. So hat er z. B. a. a. O. p. 89 eine Nachricht („A dì 24 zener. Fo pregadi. Si have avisi di più vie, come alcune zente dil signor Ludovico . . .) unter dem 24. Januar, von der Priuli schon am 23. Kenntnis hat p. 136 D. Den Aufenthalt des türkischen Heeres in Adrianopel berichtet er ebenfalls einen Tag später

(p. 146) als sein Landsmann (p. 146 A.) u. a. Andrerseits zeigen viele Beispiele, dass Sanuto das, was er hörte, eher zu Papier brachte als Priuli: er hat beispielsweise p. 133 die Nachrichten aus Frankreich 2 Tage früher als das Chronicon Venetum, Berichte über Kephalonia schon am 3. Februar (p. 138), Priuli erst am 4. (142 CD); den Tod des Grafen von Görz meldet er einen Tag früher (p. 230) als Priuli. Doch kann man hier kein sicheres Urteil abgeben, da es zweifelhaft ist, ob das Chronicon Ven. hier vollständig vorliegt.

Mit der Schnelligkeit indes, mit der Sanuto Nachrichten aufnahm, verbindet sich nicht selten eine gewisse Flüchtigkeit. Sanuto erzählt uns z. B. am 5. Februar 1500 (a. a. O. p. 99), dass bei dem Kampfe um Como (s. o. S. 3) die französischen Befehlshaber in Ludovico Moros Hand geraten seien: „Item", che a Como, monsignor di Ligni, et il fiol di missier Zuan Jacomo, erano stati presi, et erano im poter dil signor Lodovico." Diese falsche Angabe wird von Sanuto, dem ein berichtigendes „tamen non fu vero" so geläufig ist, später nicht ausdrücklich widerrufen, es treten aber beide Kriegsmänner nachher wieder auf, ohne dass Sanuto ein Wort hierüber verliert.[1] Das Gerücht aber, welches Sanuto aufzeichnet, ist allgemein und herrschend gewesen: vgl. Diar. Ferrarese p. 378: „La mattina (3. Februar 1500) per tutto Ferrara fu dicto palam, come il Duca Lodovico dovea essere hieri a le XVIII. hore in Milano chiamato da quello Popolo et come Monsignore di Ligino Locotenente del Re di Franza in Milano, et il Fiolo di Messer Zoanne Jacomo da Triulci, et altro in Milano, da le genti del prefato Duca erano stati presi" und Portoveneres Memoriale (Archivio storico Italiano VI, 2 p. 350). Priuli dagegen bemerkt p. 137 C: „E il cardinale Ascanio era entrato nella

---

[1] In ähnlicher Weise berichtet Sanuto p 214 „è stà amazà Frachasso e Antonio Maria", was falsch ist, denn beide wurden gefangen. Vgl. p. 216 und Chr. Ven. 151 B.

Città di Como, e avea preso un Capitano Francese, che era ivi e nel Castello di quel luogo." Wie kam Priuli dazu, den unbekannten französischen Capitän hier zu nennen? Nur die vorausgegangenen falschen Gerüchte bewogen ihn hierzu. Er schrieb also nicht Stunde für Stunde, wie Ranke (zur Kritik etc. p. 86) will, auch nicht einmal Tag für Tag, sondern, wenn die Ereignisse sicher feststanden. Dazu stimmt das gleichfolgende: „Sicchè si giudicava certissimo.

In gleicher Weise scheint Priuli Kritik zu üben an dem Gerede über den Grafen Philipp Rossi, der heimlich aus dem venetianischen Dienst entwich: 140 A:

Sanuto p. 106, unter dem 10. Febr.	„A dì 10. di Febbrajo 1500 avendo la Signoria Veneta commandato al Conte Filippo de' Rossi suo Condottiere, al quale dava ogni anno Ducati 10000 di provigione e stipendio, che dovesse con le sue genti levarsi . . . . una mattina a buon' ora sene fuggì con 400 cavalli, et se ne andò a Mantova al Marchese . . . nè per anche si scopriva da qual banda volesse cavalcare."
„si have da Brexa, come el conte Filippo di Rossi, condutier nostro di 400 cavali, era fuzito da nui, e andato a Mantoa per esser col signor Lodovico, et havia auto do di soi castelli di Parmesana, qual sarà bon ordegno a far voltar Parma a la devution dil preditto signor Lodovico, per haver la parte."	

Um die Art zu charakterisieren, wie Sanuto, von Berichten überhäuft, die Herkunft seiner Quellen in dem Bemühen, recht vollständig zu sein — vielleicht ist es auch nur Nachlässigkeit — verdeckt, dient als lehrreiches Beispiel:

Chron. Ven. p. 154:	. S. p. 229:
„Essendo giunto Monsignore Ascanio a Crema, ivi fu benissimo veduto e accettato da que' Rettori, e assai	„Da Crema, dil podestà, di 13, hore 24." Come quel zorno era stato contra el cardinal Ascanio, con una bella compagnia,

più onoratamente di quello, che meritava un prigioniere. Era nudo di danari, e vestito alla Tedesca travvestito. Subito furongli provveduti vesti ononatissime da Cardinale, e danari. Esso Ascanio scrisse alla Signoria, che avendo tre luoghi, dove potesse capitare, cioè Roma, Lamagna, e Venezia, fuggendo da Milano, essendo capitato in mano de' Signori Veneziani, se ne contentava molto e più tosto, che in cadauno degli altri due loghi, perchè qui sperava di essere salvo come nello Stato suo proprio di Milano. Ciò egli fece per cattivarsi benevolenza. Questa è la quarta volta che il Cardinale Ascanio è stato prigioniere, e di tutte è riuscito con la sua astuzia e sagacità, e riuscirà ancora facilmente di questa con qualche suo artifizio" und p. 152: „In questo giorno (14. April) per lettere di Crema s'intese, come Soncino Benzone Gentiluomo Veneto, Cittadino di Crema, e Condottiere della Signoria Veneta, avendo saputo il fuggire del Cardinale Ascanio da Milano con

fra il qual zercha 500 fanti in hordine con le sue arme, et cavali 300; li parse bella cosa, che in quella picola terra ne fusse tanto populo. Lo alozoe . . . . È solum con lui Badino . . e tuti li altri presoni sono rimasti a Piasenza, in man dil signor Carlo Ursino; e questo, perchè monsignor Ascanio à solicitato il suo partir de lì, acciò per missier Zuan Jacomo non fusse mandato a dimandare, e forzo fusse stato a darlo; dicendo: Pensai de' tre partiti, qual dovea tuore; o ver remanire in Milano, e questo era di conditione che potria esser capitato ne le mane del re di Franza; per lo secondo, andar a la volta de Alemagna . . . . .; per la terza, tuor la via che prexi, per andarmene verso Mantoa; dicendo, se lo potrò passare, ho l'intento mio, si etiam sarò preso, sarò preso da le zente di la Signoria di Venecia, e questo serà el men male io poterò havere. Dicendo poi . . . . Son certissimo, che quella illustrissima Signoria non haverà hauto a male, che io sia partito da Roma per

gran tesoro alla volta di Ferrara, diliberò etc.“

vegnir a favorir mio fratello. Ben vi dico questo, che mai per me non ha · manchato da voler componer queste cosse con quella illustrissima Signoria: non lo volse aldire. Io haveria facto bel partito, quando mandai el vescovo, lo qualle non passò Ferara

. . . .

und p. 230: „È da saper, in le letere di Crema, scripte di sopra, di 13, par el cardinal Ascanio zonzesse lì, vestito a la curta, con uno cappello in testa, et senza rocheto. Disse era stà 4 volte prexon etc.“

Aus Sanutos im übrigen tadellos genauem Bericht p. 239 müsste man schliessen, dass alles, was er anführt, in den Briefen des Podesta gestanden hätte. Es ist aber, wie das Chron. Ven. zeigt, der Inhalt eines Briefes des gefangenen Cardinals[1]) und der Bericht des Podesta zusammengeworfen. Denn dass der Bericht des Podesta alle Redensarten Ascanios, mit denen er sich das Wohlwollen der Venetianer zu gewinnen gedachte, enthalten hätte, ist zum mindesten seltsam und wird durch Priulis Zeugnis vollends widerlegt. Nun berichtigt sich Sanuto p. 230 selbst, aber so, dass, wenn Priulis Bericht nicht vorhanden wäre, wir seine Worte nicht enträtseln könnten. Er sagt: È da saper, in le letere di Crema, scripte di sopra di 13. Unter dem „Da Crema, dil podestà, di 13, hore 24“ sind also mehrere Briefe verstanden. Andrerseits erklärt Sanutos Angabe: „Disse era stà 4 volte prexon“ (d. i. As-

---

[1]) Sanuto und Priuli meinen gewiss denselben Brief, nur ist Sanuto hier viel ausführlicher.

canio sagt dieses in einem Briefe an die venetianische
Signorie) Priulis Reflexion: „Questa è la quarta volta
etc. s. o." Priuli hat diese schwerlich aus sich selbst ge-
schöpft, sondern sie ist durch Ascanios eigenen Trostzu-
spruch entstanden. Eigentlich gehört sie also zum In-
halte des vorher recapitulierten Briefes. Dadurch aber,
dass Priuli die Zwischenbemerkung: „Dieses that er, um
sich Gunst zu gewinnen" einstreute, ist sie aus dem ursprünglichen Rahmen hinausgetreten.

In gleicher Weise ist Sanuto nachlässig in der An-
gabe seiner Quelle p. 238: „*Da Crema, dil podestà et cape-
tanio, di·16.* Come era tornato l'homo mandò da missier
Zuan Jacomo, qual ave ducati X di bona man, et di monsignor di la Trimolia, ducati 5, qual li portò la nova di
Ascanio; e che missier Zuan Jacomo disse: È raso-
nevele, havendo il roy el Moro, la Signoria habi
Ascanio, suo inimico." Priuli erwähnt ebenfalls dieses
Bonmot Trivulzios p. 154D: „Il Signor Giangiacopo de'
Triulzi saputa la prigionia del Cardinale et il Cardinale di
Roano giunto a Milano per Governatore a nome del Re
di Francia .... scrissero alla Signoria, che avendo
diviso lo Stato di Milano, la fortuna avea voluto
dividere i prigionieri", aber unzweifelhaft richtig aus
einem Briefe Amboises und Trivulzios an die venetianische
Signorie.

Sanuto hat die Eigentümlichkeit, in Briefen, die er
— oft sehr flüchtig — excerpiert, fast regelmässig die
formelhafte Schlusswendung, mit welcher der Schreiber
sich dem Adressaten empfiehlt, anzufügen, als ob sie von
irgend welchem Belang wäre z. B. p. 88 a. a. O. heisst
es: „Item, fu dato do castelli di Geradada etc. . . . e questo
per letere di missier Zuan Jacomo Triulzi, governador di
Milan, scrite a la Signoria in soa recommandation."
Die Wendung besagt, wie aus vielen anderen Stellen hervorgeht, nichts Anderes, als dass Trivulzio dem Senate
von Venedig Mitteilung macht von dem Heranrücken
Moros und seinen Brief schliesst: „Raccomandomi alla

buona grazia di . . " vgl. Chron. Ven. p. 136 E, wo wohl
derselbe Brief gemeint ist.[1]) Diese Eigentümlichkeit, die
nicht gerade auf einen kritischen Beobachter schliessen
lässt, kann irreführen vgl. 1137: *„Da Milam, dil secretario,
di do.*" Come a dì ultimo missier Zuan Jacomo Triulzi, *insalutato hospite,* vene lì, e questo perchè nium li venisse
contra. E poi fo visitato da tutti etc. E lui secretario eri
fo lì, et di colloquij abuti insieme. È venuto in Italia
con li titoli havia, ma non vol niun cargo; e, quando . . . .
Item[2]), si racomanda molto a la Signoria nostra,
offerendossi." Trivulzio ist in Ungnade bei dem französischen Könige gefallen (s. S. 18 f.), ist missmutig —
seiner Würden thatsächlich entkleidet — nach Mailand
zurückgekehrt. Bedeutet dieser letzte Satz, dass Sanuto
den Venetianern, um sich an dem Könige zu rächen, seine
Dienste anbietet? Aber die waren bei der damaligen poli-
tischen Lage für die Venetianer fast wertlos; überdies
hören wir nichts von einem derartigen Anerbieten, weder
bei Sanuto noch sonst. Derartige Verhandlungen wären
auch wohl im geheimen geführt worden. Nichts Anderes
haben wir vor uns als die stereotype Schlussformel; man
vgl. beispielshalber Sanuto a. a. O. p. 238: *„Et monsignor
di la Trimolia scrisse una letera data a Trechà, in vulgar.*
In risposta di la nostra si congratulasseno di la victoria,
et lui ringracia la signoria con optime parole, offerendossi
etc.*", wo aus den letzten Worten sicherlich nichts zu
schliessen erlaubt ist. Die Briefe aber, die Sanuto in
dieser Weise excerpiert, hat er, das können wir mit Sicherheit behaupten, selbst gelesen; in dieser überflüssigen Angabe liegt eine gelinde Prahlerei, von der Sanuto überhaupt nicht frei ist.[3])

---

[1]) Natürlich findet sich diese Wendung auch in ihrer wirklichen Be-
deutung, z. B. a. a. O. p. 341.

[2]) Mit diesem „Item" beginnt, wie gewöhnlich, eine von anderer Seite
stammende Relation, hier die Inhaltsangabe eines Briefes von Trivulzio selbst.

[3]) Vgl. z. B. p. 110: „Et a intelligentia di la verità, qui scriverò
etc. . . p. 593: Jo lo vidi venir per caxa dil doxe etc.

Wie Sanuto auf der Lauer steht, Nachrichten schnell schriftlich zu fixieren und deshalb um die Ordnung seiner Berichte sich nicht sonderlich kümmert, kann man an seinen Referaten über Ratssitzungen beobachten, vgl. p. 92: „*A dì 27 ditto.* Fo conseio di X con zonta. | Et intisi in questi giorni a Cremona fo alcuni cridava: Moro! Moro! per la terra, qualli fonno fati aferar et dati strepà di corda su la piaza. Ivi è il castelan vechio, fo di Cremona, che mai non è venuto qui; ma ben à mandato suo fiol, el qual ogni zorno solicitava la sua expedition per aver il resto di danari. | È da saper, fo decreto . . . . Er unterbricht also seinen Bericht über die Ratshandlung, wie auch p. 99, wo das Referat über die Sitzung vom 4. Februar durch die Botschaft: „*Da Crema, di sier Hironimo Bon* . . . . .“ unterbrochen und mit den Worten „Et fu preso“ wiederaufgenommen wird, und an vielen anderen Stellen.

Man lernt aus dieser Art zu schreiben einen wissbegierigen, lebhaften Geist kennen. Diesem Charakterzuge entspricht es, wenn Sanuto plastische Darstellungen liebt. Dieselbe Begebenheit und wahrscheinlich aus derselben Quelle herrührend lautet bei Sanuto und Priuli:

Chron. Ven. p. 139C.	Sanuto p. 103.
„Nel suo entrare in Milano essendo con tutto il Popolo andatogli incontro, un fratello di Messere Giangiacopo de' Triulzi de' primi Guelfi . . . . . avendolo veduto il Signor Lodovico, senza udirlo il fece prendere, e porlo in prigione sotto buona custodia . . .	„*Da Crema et Bergamo . . . Etiam* intisi, intrando dentro el signor Lodovico, che poi si have dil suo intrar con gran jubilo di tutto Milan, e di gelfi e de gebelini: uno di caxa Triulza li vene contra, e lui non li volse tochar la man, dicendo voleva haver tuta la caxa di Triulzi per inimicha . . . .“ Vgl. Archiv. stor. Ital. Ser. IV. Tom. V p. 305 ff.

Priuli ist ein venetianischer Localchronist, den in

erster Linie die Geschicke seiner Vaterstadt angeben, Sanuto dagegen nimmt alle Relationen aus allen Ländern mit gleicher Begierde auf, ohne zu prüfen, ob sie wichtig oder nebensächlich sind. Daher kommt es, dass wir aus Sanuto wenig über die Stimmungen in Venedig wissen, die infolge der Ereignisse Platz greifen. Priuli p. 143 B ff. schildert die Notlage der Venetianer infolge des Vordringens der Türken und die Niedergeschlagenheit des Senates: aus Sanutos gleichzeitigen Relationen würden wir uns dieses Bild nicht construieren können. Priuli erwähnt 162 D einen Kometen: „Una Cometa in Tramontana apparve in questi giorni verso il Ponente a Venezia a dì 25 del mese di Maggio 1500, con una coda lunga una spana, non lucente molto, la quale durò per otto giorni. Levavasi a tre ore di notte. Significò la perdita di Modone, che di poi seguì", gewiss ein wichtiges Lokalereignis, zumal wenn der Volksmund ihn mit dem Verluste einer bedeutenden Besitzung von Venedig in Verbindung brachte. Sanuto hat hiervon nichts.

Für venetianische Geschichte würde Priuli den Vorzug vor Sanuto verdienen. Für die allgemeine Geschichte ist Sanuto natürlich ungleich wertvoller. Das über ihn gesagte dürfte aber doch gezeigt haben, dass man auch bei diesem „Unicum an Verlässichkeit"[1]) die Quellenkritik nicht aus dem Spiele lassen darf. Treffend bemerkt der verdienstvolle Herausgeber der Diarii, Fullin, im Arch. stor. Ital. Ser. IV. T. V. p. 310, wo er Sanutos Eigenart kurz beleuchtet: „Non è dunque una storia quella che scrive il Sanuto, ma dai suoi diarii esce la storia viva e spirante, quale risulta dai documenti diplomatici e dalle lettere confidenziali, dai colloquî dei principi e dalle voci del popolo, dagli aneddoti, che spesso dipingono gli uomini meglio che le parole, et dalle satire con cui la publica opinione, non avendo allora altro sfogo, faceva sentire la propria voce e più spesso il proprio sdegno ai potenti."

---

[1]) So nennt ihn M. Brosch in „Papst Julius II und der Kirchenstaat."

Der Wert von Priulis Werk ist in dem obigen klargelegt. Ranke (Zur Kritik p. 85) meinte, es sei überliefert, wie es Tag für Tag aufgeschrieben worden. Ob dieses für das ganze Werk zutrifft, können wir, so lange nur Excerpte vorliegen, nicht entscheiden. Auf jeden Fall hat der Verfasser nachgetragen und die Nachträge mit dem Ursprünglichen verarbeitet. Vgl. p. 154D „la quale governò con somma prudenza per alcuni mesi u. p. 162D, die oben citierte Stelle: „Una Cometa apparve in questi giorni (der Verfasser bindet sich also, wie auch aus anderen Stellen hervorgeht, nicht an den bestimmten Tag) . . . . . . che di poi seguì" Modones Einnahme erfolgte aber erst im August (Sanuto p. 681, Amtl. Samml. eidg. Absch. III, 2 p. 77). Was Priuli p. 154E unter dem 17. April berichtet, ist erst gegen Ende des Monates erfolgt (Sanuto p. 271); was bei ihm p. 136E unter dem 20. Januar steht, ist teilweise erst am 28. passiert (Sanuto p. 92); die Ankunft N. da Correggios in Venedig (156E) fand nicht am 25. April statt, sondern am 28. (vgl. Sanuto), die unter demselben Datum (25.) angegebene Ankunft der französischen Gesandten am 27. (Sanuto p. 260). Dieses alles beweist, dass Priuli nicht ein Tagebuch, sondern eine Chronik auf tagebuchartiger Grundlage schreiben will, vorausgesetzt, dass Muratori nicht eine Reihe ven Datumsangaben fortgelassen hat. Die Abwechslung der Tempora (giudica und giudicava u. a.) bestätigt diese Ansicht. Das schlagendste Beispiel für die durchgreifende Überarbeitung Priulis ist p. 160A: „A dì 12 di maggio trovandosi il campo . . . . . . Hieran schliesst sich eine weitläufige Darstellung, offenbar später geschrieben, da der Verfasser sich genötigt sieht, unter C noch einmal das A dì 12 di Maggio, ganz gegen seine Gewohnheit, zu wiederholen.

Priuli ist ein warmherziger Freund der Sforzas und ein Feind der Fremden (s. Ranke a. a. O.) An vielen Stellen bricht sein nationales Gefühl durch. Aber einmal hat ihn sein Patriotismus sogar zu einer kleinen Fälschung verleitet; man lese:

Sanuto a. a. O. p. 320.
Copia de una letera di sier Beneto Trivixan, et cavalier, orator in Franza a la Signoria nostra.

Chron. Ven. p. 161 B.

Per lettere dell' Orator Veneto residente in Francia a Lione s'intende che a dì 2. di maggio 1500 .... il Signor Lodovico ... giunse prigioniero a Lione ... All' entrata nella città del detto Signor Lodovico concorse tutto il Popolo.... Prima entrarono dodici Sergenti con le mazze in mano, facendo segno al Popolo, che non dovesse gridare, ma stare a vedere senza rumore. Di poi entrò il Governadore della Giustizia .. con tutte le guardie ... In mezzo di questi entrò il Signor Lodovico sopra un muletto, vestito di Zambellotto nero, con la beretta sempre in mano, con faccia pallida, ma animosa, dimostrando di gran coraggio e animo. Indi entrarono cento Arcieri etc....

2. Mai 1500:

Ozi avanti do horre è stà conduto in questa città el signor Lodovico, con questo ordine. Venivano avanti a piedi XII de li serventi de la terra, i qualli comprimevano el populo ..... Da poi seguiva el governador di questa terra, con el prevosto de la justicia del re a cavallo; drieto questi seguivano 100. arzieri ... et poi el preditto signor Lodovico, vestito di una vestizola di zambeloto negro, con stivaleti negri, bareta di panno negro, la qual el portava quasi sempre in mano; guardava hora di qua hora di là, forzavasse de non demonstrare la passion sua in tanta mutatione de fortuna. Nel volto monstra mala ciera, ancora che el se havesse facto radere questa matina; li trema le braze, le mano et tuta la la persona.

Diese Fälschung hat beinahe etwas Rührendes. Sie wird Priulis Ansehen als Historiker verringern, die Achtung vor seinem Charakter erhöhen.

Die anderen Tagebücher haben diesen beiden Autoren gegenüber äusserst geringen Wert. Ein Vergleich ihrer Angaben mit denen der beiden Venetianer zeigt nur die Vortrefflichkeit Priulis und noch mehr Sanutos. Letzterer wird, was Genua angeht, vollauf bestätigt durch Senarega; ist über ferraresische Verhältnisse weit besser unterrichtet als der Verfasser des Diario Ferrarese, der nur unwichtiges Detail bietet und von der diplomatischen Geschichte gar nichts weiss. Dass Sanuto über Vorgänge im päpstlichen Consistorium zu Rom besser unterrichtet ist, als der päpstliche Ceremonienmeister Burchhard, zeigt die Vergleichung von San. Diar. III p. 148 f. uud Burchh. Diar. (ed Thuasne) III p. 24. Sanutos Bericht: „Eravi per il re Fedrico, domino Etor Pignatello e il Sperandeo, qualli disseno, sario buon unir Italia, prima" ist unbedingt glaubwürdiger als Burchhards Angabe: „Ad idem audio fuisse responsum per unum convenire magis fieri pacem et concordiam inter principes christianos."

c. Die Geschichtschreiber.

Sie sollen hier nur kurz aufgeführt werden mit Hervorhebung von Einzelheiten, da ihr Wert oder Unwert schon im Vorhergehenden grösstenteils klar gelegt ist. Obenan stehen Jean d'Autons Chroniken, ein urkundliches Werk, (s. S. 17. 27. 44. 64. etc.), das neben Morone die beste Gesamtdarstellung bietet. Er hat authentische Berichte von französischer Seite benutzt in vollkommen unparteiischer Weise. Seine nüchterne Darstellung hebt sich vorteilhaft ab von der oratorischen, aber historisch weit weniger wertvollen des Ferronus, der viele (wohl meist französische) Quellen benutzt zu haben scheint [1]), aber ohne rechte Kritik und mit Vorliebe für seine Landsleute (s. S. 72.). Er kennt beispielshalber Ligny als einen der Oberbefehlshaber des französischen Heeres nicht; nach ihm herrschte Rivalität zwischen Aubigny und Trivulzio. Natürlich weiss er infolgedessen auch nichts von den geheimen Verhandlungen Lignys und Moros. Neben diesen beiden kommen von Franzosen noch die Biographieen Bayards von dem loyal serviteur und La Trimouilles von J. Bouchet in Betracht. Beide bieten für unseren Zweck wenig, da die Darstellung sich hauptsächlich mit den beiden Helden, welche damals eine untergeordnete Rolle spielten, befasst. Nach J. Bouchet soll la Trimouille die Schweizer Moros bestochen haben: vielleicht hat Ferronus, der dasselbe angiebt, dieses von ihm entnommen. Spätere Darstellungen übergehen wir.

---

[1]) „Sunt qui ab ipsismet Helvetiis proditum alii a suismet aiunt Gallici aliquot scriptores sumpta sodalis Franciscani veste deprehensum".

Von den italienischen Geschichtsschreibern ist am
ausführlichsten Andreas Prato in seiner „Storia di Milano", welche Corios Werk fortsetzt. Er ist 1488 geboren,
schildert also die Begebenheiten nicht aus eigener An-
schauung. Er hat vorzügliche (vaterländische) Quellen, übt aber
keine scharfe Kritik. Bei ihm steht die Gefangennahme
Moros und seines Bruders durch Verrat fest. Über Moros
Gefangennahme vgl. o. S. 68. ff. Was den Verrat an
Ascanio angeht (s. S. 73), so hat Prato hierüber anscheinend keine secundäre Quelle benutzt, sondern eine authentische, aber kritiklos. Die Quelle dieser Sage ist, glaube
ich, der Brief des gefangenen Ascanio an die venetianische
Signorie, der sich bei Sanuto a. a. O. III. p. 229 findet.
(s. o. S. 93 f.). In diesem heisst es: „Jo intrai in Riva
Alta; dimandai a quel signor se io era securo. Me disse
de sì. Poi cerchò de fare el fatto suo. Et cognoscendo io
questo, volsi più presto rendermi a missier Sonzino, a nome
de la illustrissima Signoria de Venecia, cha di me el volesse fare merchantia . . ." Denselben Brief hatte der
Verfasser des Chronicon Venetum, Priuli, vor sich (a. a.
O. p. 154 C), ein treuer Freund der Sforzas, der zu ihm
bemerkt: „er schrieb ihn, um sich das Wohlwollen der
Venetianer zu gewinnen." Hören wir nun, wie Priuli auf
Grund des offiziellen Berichtes Ascanios Gefangennehmung
darstellt. A. a. O. 153: „Ascanio . . . . fuggì in un Castello sopra la strada, et entratovi, non parendogli forte,
nè che si potesse tenere dalle battaglie, diliberò non
essendo sicuro, di fuggire. Ma a persuasione del Castellano il quale gli promise di farlo sicuro e salvo, rimase in
quel luogo . . . . . Avendo finalmente Soncino Benzoni
superato i 600 cavalli di Ascanio, avendo inteso che questi
era fuggito nel Castello di Rivalta, s'accosto colle sue
genti a quello, e fece chiamare il Castellano, e gli fece
intendere, che de' due partiti ne prendesse uno. O gli desse
in mano il Cardinale, o che egli metterebbe a sacco il
Castello. Il Castellano per nome Corrado, impaurito

chiamò il Cardinale, e dichiarògli, che non era possibile di potersi tenere, e che non voleva che il suo Castello, fosse posto a sacco, e che egli facesse quale deliberazione più gli piacesse. Il povero Ascanio vedendosi a mal partito, per non andare in mano del nimico, siccome uomo di grandissima astuzia, andò alla porta a essere a parlamento con Soncino, al quale offrì danari, e fecegli molte promesse, con questo che il lasciasse fuggire. Ma non avendo voluto il Benzoni ascoltarlo . . . . . e così fu consegnato il Cardinale Ascanio Vicecancelliere nelle mani di Soncino Benzoni". Ascanios Angaben in seinem Briefe an die venetianische Signorie enthalten also eine geflissentliche Entstellung der Thatsachen: er stellt seine Übergabe als freiwillig dar, während sie in der That unvermeidlich war. Und um seine Erzählung glaublicher zu machen, spricht er, in dunklen, geschraubten Wendungen von dem beabsichtigten (von einem ausgeführten ist nirgends die Rede) Verrate Landos. Ein solcher war sicherlich vollkommen zwecklos, da die Venetianer das Castell umzingelt hatten. Aus dieser unreinen Quelle sind also Ascanios Angaben, die von Historikern aufgegriffen wurden, geflossen; vielleicht diktierte ihm auch die Wut über den unglückseligen Rat des Schlossherrn, in seinem Schlosse zu bleiben, und über die unvorbedacht garantierte Sicherheit seiner Person solche Worte in die Feder.

Über Pratos Neigung zu moralisieren und seinen Helden selbsterfundene Gespräche in den Mund zu legen, haben wir oben (S. 46) gesprochen. Ein derartiges Fabricat ist ein Gespräch zwischen dem gefangenen Moro und Trivulzio bei Prato a. a. O. p. 247 f.: „Et il Trivulzio, essendoli menato avanti il captivato Principe, disse: Or sci tu qui, Ludovico Sforza, el quale per amor d'un forestiero, Galeazzo Sanseverino, hai scacciato me tuo cittadino; nè d'una sol volta d'avermi cacciato bastando ti, hai novamente sollicitato li animi de' Milanesi a rebellarsi alla Regia Maesta"? A che bassamente respondendo il Principe disse: — che a cognoscere la causa perchè l'animo d'un Signore se inclini ad amare uno et odiare un altro, è difficil cosa — Poi soggionse: — che lui mai li animi de' Milanesi avea alla rebellione accersiti; anzi esso da loro era con continue lettere instato a dovere venire a scacciar Francesi —". Dieses Gespräch der beiden Todfeinde klingt sehr unwahrscheinlich. Trivulzio sagt dem Herzoge überflüssigerweise allbekannte Dinge; dieser entschuldigt sich und antwortet mit einem Gemeinplatz, der ohne Zweifel nicht von ihm, sondern von Prato selbst stammt. Überdies kam der gefangene Moro nicht mit Trivulzio zusammen (s. S. 72 f.).

An den Vorgängen vor Novara war beteiligt Grumello, ein Pavese, der uns in seiner Cronaca Ludovico Moros Ausgang (a. a. O. p. 39 f.) beschrieben hat. Über sein Leben besitzen wir nur die aus seinem Werke selbst geschöpften Angaben, die der Herausgeber G. Müller in der Vorrede zu seiner Ausgabe zusammengestellt hat. Grumello und seine 3 Brüder waren L. Sforzas Sache leidenschaftlich ergeben. Grumello hat seiner Brüder und besonders seine (des Marco Antonio s. p. 46 f.) Bemühungen um dieselbe mit grosser Breite und Ruhmredigkeit dargestellt. Im übrigen ist seine Darstellung ziemlich wertlos, da er wichtiges und unwichtiges gar nicht zu scheiden versteht. Einzig steht seine Darstellung des Verrates Moros da: der Verräter des Herzogs ist bei ihm Jörg auf der Flue (Supersax), der capittaneo generale der Schweizer in Moros Diensten, wie er ihn nennt (a. a. O. p. 40). Jörg auf der Flue war unter den schweizerischen Hauptleuten, er war Führer der Walliser, die dem Herzoge zu Hülfe zogen auf des Bischofs Matthäus von Schinner Geheiss (Fuchs a. a. O. I 283). Aber unter den vielen Schweizer Hauptleuten, die an Moro zum Verräter geworden sein sollen, wird nie der Name des bekannten Supersax genannt. Grumello erzählt (p. 54): „L. Sforcia . . . . . domandò li capitanei Elvecij et maxime Soprasasso, capo de Elvecij, preghando essi capittanei non lo voleseno dare ne le mane de lo inimicho exercito et salvandolo da epso li faceva promissione, salvato che fosse, di darli il possesso di la cittate di Como, et cossi fu promisso per Soprasasso, capittaneo Elveticho." In den Aussagen der schweizerischen Hauptleute bei Fuchs und Zellweger a. a. O. wird Supersax nie unter denjenigen, welche den Herzog während der versuchten Flucht umgaben, erwähnt. Ferner ist der „capittaneo generale" der Schweizer eine Erfindung Grumellos. Nirgends finden wir einen Verdacht gegen Jörg auf der Flue ausgesprochen; er war vielmehr ein eifriger Parteigänger des Herzogs Ludovico (und damals Freund des Bischofs Schinner: vgl. Müller - Glutzblozheim: Geschichten schweizerischer Eidgenossenschaft V, 2 p. 209. Fuchs a. a. O.), dessen Nachbarschaft dem Lande Wallis viel erwünschter war, als die des eroberungslustigen französischen Königs s. Amtl. Samml. eidg. Abschiede III, 2 p. 14: „Drittens meldet die französische Botschaft, es werden im grauen Bunde und im Lande Wallis Rüstungen wider ihren König zu Hülfe Herzog Ludwigs betrieben." p. 18.: „Die Botschaft von Wallis eröffnet, es sei ihrem Lande die grösste Beschwerde, wenn der Herzog von Mailand wieder vertrieben würde und der König von Frankreich in das Herzogtum kommen und ihr Nachbar werden sollte." p. 19.: „Es wird beschlossen, der Landschaft Wallis zu schreiben in Betreff der Rede, die Jörg auf der Flue gethan haben soll, dass sie nämlich meinen, den Eidgenossen, die dem König zuziehen wollen, den Durchpass nicht zu gestatten." Bei dem Abschlusse des Bündnisses des Landes Wallis mit Ludwig XII. im Mai 1500 war unter den Vertretern des Landes Wallis Jörg auf der Flue nicht, obwohl er der erste Mann seines Landes war. (Amtl. Samml. III, 2. p. 1281). Grumello hat jedenfalls den späteren Antagonisten des den Sforzas freundlich gesinnten Bischofs Schinner von Sitten, der zugleich Todfeind des Königs von Frankreich war, vor Augen. (Fuchs II p. 163. Anselm III p. 210). Er trug also die Eindrücke späterer Zeiten in sein Geschichtswerk hinein und ist trotz seiner Augenzeugenschaft zu verwerfen. Dass Grumello diesen Abschnitt seines Werkes lange nach 1500 schrieb, lehren in seiner Chronik p. 57 und 58. d. h. der Ausgang des 19. und 20. Capitels.[1])

Guicciardini beschrieb in seiner Historia d'Italia Ludovico Moros Ausgang in ununterbrochener Erzählung nach guten Quellen mit richtiger Hervorhebung der wesentlichen Punkte, die man bei Prato und Grumello vermisst. Über Bembo, Jovio und andere unter IIa erwähnte Italiener, die nur summarisch berichten, ist nichts Besonderes zu erwähnen.

Von den Geschichtsschreibern der Schweiz, die über Moros letzten Zug gehandelt haben, nimmt Valerius Anshelm die erste Stelle ein. Er benutzte zahlreich die Staatsakten, welche ihm zur Verfügung standen. Für die Gefangennahme Moros hat er die sog. Brennwald'sche Chronik benutzt (vgl. Jahrbuch für Schweizerische Geschichte XII. p. 163). Stettlers Bericht setzt sich aus Stellen von Anshelm, Guicciardini, Ferronus zusammen; eigenes bietet er nicht. Die Abhängigkeit von Anshelm und Ferron hatte schon Ranke erkannt (Zur Kritik etc. p. 149). P. Etterlin geht in seiner Schweizergeschichte rasch über den Vorfall von Novara hinweg. (vgl. Jahrbuch für Schweizerische Geschichte I p. 165).

---

[1]) Verdächtig und ex eventu gemacht erscheint ein Gespräch, welches Grumello den Herzog Ludwig und den König Maximilian vor Ludwigs Wiedereroberungszug halten lässt (p. 40): „Et uno altro ricordo li dette Cexare: non si volesse fidare de Elvecij che li seriano traditori."

Lebenslauf.

Benno Karl Ludwig Kindt, Sohn des Färbers Ferdinand Kindt und seiner Ehefrau Hermine, geb. Römhild, evangelischer Confession, geboren am 15. Mai 1868 zu Greifswald, besuchte von Ostern 1874 – Ostern 1886 das Gymnasium seiner Vaterstadt, welches er mit dem Zeugnis der Reife verliess, um Philologie und Geschichte zu studieren. Bis Ostern 1887 studierte er in Greifswald Philologie; während des Sommersemesters desselben Jahres hielt er sich studierenshalber in Zürich auf. Im Herbst 1887 kehrte er nach Greifswald zurück, wo er bis jetzt seinen Studien obliegt.

In Zürich hörte er bei den Herren Docenten Avenarius, Kym, Meyer von Knonau, Stein, Vögelin.

In Greifswald bei den Herren Professoren Bernheim, Ulmann, Seeck, Pietsch, Hasbach, Maass, Marx, Kiessling, Susemihl, Rehmke, Schuppe.

Ausserdem war er ord. Mitglied des unter der Leitung der Herren Professoren Bernheim, Seeck, Ulmann stehenden historischen Seminars während sechs Semester; ebenso während 6 Semester ord. Mitglied des philologischen Seminars. An den archaeologischen Übungen unter Herrn Prof. Preuner nahm er 3, an den philosophischen unter den Herren Prof. Rehmke und Schuppe nahm er ein Semester hindurch Teil.

Allen diesen Lehrern spricht er seinen besten Dank aus. Zu besonderem Danke aber ist er Herrn Prof. Ulmann verpflichtet, der seine historischen Studien leitete und durch manche Anregungen die vorliegende Arbeit gefördert hat.

Thesen.

I.

Treitschkes Behauptung („Deutsche Geschichte im 19. Jahrhundert" IV p. 83), dass König Leopold I von Belgien keine höhere Sittlichkeit gekannt habe, als den klug rechnenden Weltsinn, lässt sich aus der von ihm daselbst angeführten Briefstelle nicht erhärten.

II.

Es ist fraglich, ob wir aus Einhards Vita Caroli Magni ein richtiges Bild der Persönlichkeit Karls des Grossen gewinnen.

III.

Das Gedicht Petrons de bello civili in seinen satirae ist vollständig erhalten.

IV.

Eurip. Alc. v. 16 (Prinz) ist für das Verständnis des Stückes unumgänglich notwendig.

V.

Eurip. Alc. v. 178 (Prinz) ist mit A. Nauck als unecht zu verwerfen.